D1738952

Misterios de la historia

LOS MILAGROS

Misterios de la historia

LOS MILAGROS

Mitxel Mohn

ISBN: 978-84-9764-868-4
Depósito legal: CO-739-2007

Colección: Misterios de la historia
Título: Los milagros
Autor: Mitxel Mohn
Diseño de cubierta: Juan Manuel Domínguez
Impreso en: Taller de Libros, S.A.

IMPRESO EN ESPAÑA – *PRINTED IN SPAIN*

INTRODUCCIÓN

¡Milagro! ¡Milagro! Ésta debe ser, sin dudas, una de las palabras que se gritan con más alegría en todos los idiomas. Indica que algo ha sucedido, algo que era inimaginable hasta unos momentos antes, y que probablemente era deseado con muchísima fuerza por una o varias personas. Tiene una característica que lo define: es inexplicable.

Cuando se produce un milagro, nadie puede dar cuenta de cómo es posible que haya sucedido. Las leyes de la naturaleza parecen haber sido puestas entre paréntesis, anuladas por un breve lapso de tiempo. Pero eso, en ese preciso momento, suele no importarle a nadie: la emoción es tan grande que las explicaciones científicas sobran.

La sensación es difícil de entender para quien no lo ha vivido de cerca. Es, seguramente, como comprender por un instante que el mundo no es tan malo como parece, o que por una vez todo parece fluir, tomar el curso que corresponde. Después del milagro, claro, vendrán las preguntas, los cuestionamientos, y cada cual interpretará los hechos como mejor cuadre en su paradigma. Pero cuando el milagro sucede, quien lo experimenta queda sin preguntas ni respuestas.

Es que el ser humano moderno está tan acostumbrado a regirse por las leyes naturales (o, al menos, las que con los siglos de investigaciones científicas conoce) que, cuando alguna no funciona, se enciende una luz roja en su mente.

¿Cómo es posible que a un enfermo de un cáncer terminal le desaparezca el tumor de un día para el otro, sin tratamiento médico?, se pregunta.

La forma de ver la vida, de entender la naturaleza, de comprender las leyes más básicas que, creemos, rigen nuestro universo, no se mantienen inamovibles. El mundo, evidentemente, no es tan predecible como quisiéramos. La vida tiene sus maneras de demostrar que todo lo que suponemos como estático puede ser mucho más sorpresivo de lo que podríamos creer.

Lo bueno de los milagros es que, si pasan, es para bien. Nadie hablaría del milagro de la muerte, aunque sea tan inesperada como el hecho de que se salve una sola persona en un accidente aéreo. El milagro, siempre, tiene una connotación positiva, relacionada con la vida, y es la que nos hace, a todos los mortales, albergar la esperanza de que existe.

La cuestión es: los milagros, ¿realmente suceden? La respuesta, por supuesto, no es sencilla. En principio, entendemos que un milagro es la suspensión de las leyes de la naturaleza. Es un suceso que no cuadra con ciertos preceptos científicos que son los que, hasta ese momento, describen cómo funciona el mundo. Por ello, no es un problema que involucre solamente a la teología: es una cuestión también filosófica, de concepción del mundo.

Para algunos, como iremos viendo a lo largo de esta obra, los llamados milagros, por el simple hecho de suceder dentro de la naturaleza, son parte de ella, con lo que no se puede considerar que se produzcan durante una suspensión de sus leyes. Es decir, los milagros, filosóficamente hablando, no existirían, porque serían una parte más de la naturaleza. Otros, los que creen en Dios, consideran que es el Creador el responsable de lo que consideramos milagros, y ven en él la causa última. Es decir, si Dios creó la naturaleza tal como la conocemos, también es capaz de saltarse sus propias reglas de vez en cuando.

Pero también están los que tienen una visión científica de la cuestión. Ellos señalan que muchos de los que ayer se consideraron milagros, con el tiempo encontraron una explicación científica, es decir, se halló que sus causas eran perfectamente comprensibles con las leyes naturales conocidas. Alegan, entonces, que es probable que todas aquellas cosas que hoy nos parecen un milagro, algo que no se puede explicar, encuentren una respuesta con los avances de la ciencia.

Estas discusiones, que iremos viendo a lo largo de esta obra y nos ayudarán a comprender el misterio que rodea a los milagros, existen desde hace siglos. Antes, claro está, el origen de los milagros no era algo tan cuestionado. Simplemente, se disfrutaba de ellos cuando llegaban, y se indagaba muy poco al respecto. Los avances de la ciencia, pero también el surgimiento de ciertas corrientes filosóficas, fueron, sin lugar a dudas, el comienzo del ataque a los milagros.

Desde las religiones, los milagros adquieren un lugar importante. En la mayoría de las que proclaman un Dios que es más poderoso que el hombre, el milagro tiene un sitio privilegiado. En varias religiones, un hecho sobrenatural definió o acompañó el surgimiento de un profeta, e incluso se considera como el momento fundacional de ese credo.

Sin embargo, muchas religiones, como la musulmana, consideran que el tiempo de los milagros ya pasó. Lo reconocen en el pasado, pero creen que ya cumplió su cometido, que era la implantación de un profeta o de su obra. Así, los milagros tenían la función de validar, de hacer creíble, la llegada de un Mesías al mundo. Ahora, dicen, ya no tienen sentido, porque el profeta ha dejado su obra y su tarea realizadas.

En la religión católica, sin embargo, los milagros siguen teniendo su lugar privilegiado. De por sí, buena parte del Nuevo Testamento se basa en el relato de los milagros obrados por Jesús. Pero eso no es todo. Los milagros, para varias corrientes cristianas, se siguen produciendo en la actualidad. O, al menos, no condenan que los fieles continúen pidiéndole a Dios que obre prodigios en su favor.

Normalmente, como veremos, las apariciones marianas son el mayor semillero de milagros de la actualidad. Cada vez que la Virgen se aparece, vienen detrás un sinfín de sucesos que los fieles consideran milagrosos, y que van desde curaciones hasta milagros lumínicos.

La otra fuente de milagros actuales es el culto a los santos. A ellos se les pide toda clase de favores y, según los creyentes, son capaces de cumplirlos. De hecho, el Vaticano tiene toda una política de canonización que, justamente, se basa en buena medida en la demostración científica (realizada por médicos especialistas reconocidos) de los milagros, sobre todo de sanación.

Fuera de la Iglesia católica, encontrar milagros se hace más difícil. Uno de los pocos cultos en los que los milagros ocupan un lugar importante es el que se le rinde a Sai Baba en la India. Aunque su figura ha sido duramente atacada por considerárselo un farsante desde muchos sectores, Sai Baba se considera un «hacedor de milagros». Cree que, al hacerlos, puede demostrar sus poderes. Así, hace aparecer anillos de oro y otras joyas, además de obrar curaciones entre sus fieles.

Más allá de quién los realice o en qué contexto, veremos que las explicaciones que hasta ahora se pueden dar para el fenómeno de los milagros son de lo más variopintas. Hay para todos los gustos: desde la más clásica que proviene de la religión y encuentra en Dios al responsable de los prodigios, hasta teorías que nos hablan de la influencia de los extraterrestres.

La parapsicología, con todo, es quizá la que más se ha ocupado de buscar las causas de los fenómenos que rodean cada milagro. Así, ha elaborado teorías que se basan en la hipótesis de diversos poderes mentales o psíquicos de las personas que los realizan. Incluso, plantea la hipótesis de la existencia de realidades paralelas.

A lo largo de esta obra, iremos desgranando todas las características de los milagros, tanto los que se producen actualmente como los que han marcado la historia de las religiones, hablaremos de sus causas, de sus consecuencias sociológicas, de las interpretaciones que se han dado y, en fin, de todo lo que los rodea.

Hay hechos que, sin duda, escapan a toda lógica, desafían nuestro intelecto y ponen a prueba nuestros sentidos. El objetivo de este libro es adentrarnos en su realidad para intentar desentrañar su misterio, para encontrar su esencia, más allá de posturas preconcebidas. Queremos valernos de todas las opiniones, las investigaciones y relatos, para bucear entre todos ellos y encontrar las causas profundas de este misterio. Invitamos al lector a que nos acompañe en este viaje a través de los milagros.

Capítulo primero
¿QUÉ ENTENDEMOS POR MILAGRO?

La llegada del día o de la noche, los rayos, los truenos, la lluvia o el paso de las estaciones, tienen hoy para nosotros una explicación científica. Sabemos por qué se producen, qué causas los originan, podemos predecirlos y actuar en consecuencia. Pero lo cierto es que, si bien todos estos hechos de la naturaleza existen desde que el mundo es mundo, los hombres no tuvieron siempre una respuesta para sus preguntas.

Así, en buena medida, nacieron los mitos. La realidad de los dioses, los hombres y la naturaleza fueron encontrando su explicación a través de historias que daban cuenta de su origen y existencia. En las diferentes culturas, encontramos que el mito más importante, el que llega a ser el modelo ejemplar de todos los demás mitos, es el mito llamado cosmogónico: el que cuenta cómo fue el origen del mundo. La Biblia, por ejemplo, relata en el Génesis que el mundo procede de la nada. Los mitos egipcios, australianos, griegos y mayas también hablan de una creación a partir de la nada. Y en la mayoría de estos mitos las deidades son todopoderosas, es decir, capaces de crear, destruir, dar vida y muerte.

Es que para los diversos fenómenos naturales, en prácticamente cualquier cultura, se ha buscado algún tipo de explicación, y en muchos casos esa causa se ha hallado en una entidad superior. De esa manera, el hombre adjudicaba al Destino, a los espíritus de la naturaleza o a los dioses la ocurrencia de desastres naturales, enfermedades o incluso invasiones enemigas.

Detengámonos a pensar, por un instante, en el hombre primitivo, aquel que todavía no tenía dios, era nómada y basaba su existencia en la búsqueda de alimento. ¿Cómo podía reaccionar frente a cosas que hoy nos parecen tan «naturales» como el fuego? Imaginémonos el instante en que un hombre (o quizás varios a la vez, en distintos sitios del planeta, pero sintiéndose solos y únicos) vio por primera vez una llama. Ese prodigio que, a la vez que iluminaba, podía darle calor, era del todo desconocido para él.

Pongámonos por un momento en el lugar de este hombre. Intentemos vivenciar su asombro, su estupor y, a la vez, su miedo. Sintamos, como quizá sintió él, el agradecimiento por la llegada inesperada de un elemento capaz de darle luz en la oscuridad, calor durante los inviernos y, por qué no, poder sobre sus semejantes. Nosotros, de haber estado allí, seguramente denominaríamos a este acontecimiento como un milagro. Él, el primer hombre, si hubiera podido darle un nombre, seguramente le habría puesto el mismo.

Esta sensación (o convencimiento) de que «algo» o «alguien» superior realiza algo que no está a nuestro alcance, que nos maravilla por su singularidad y por su poder, y que excede las leyes conocidas de la naturaleza, es la esencia, sin dudas, de lo que hoy llamamos milagro.

El concepto, como veremos a lo largo de esta obra, tiene múltiples interpretaciones, ha sido objeto de las mayores controversias, y todavía hoy está en proceso de definición, a pesar de que existe desde hace siglos. Cada religión, institución o colectivo tiene una visión particular del tema, e incluso cada persona lo vivencia de una manera diferente. Sin embargo, es posible aproximarnos a la cuestión desde distintos ángulos para poder desentrañar su significado y, al mismo tiempo, comprender cómo y por qué ocupan un lugar tan destacado en la historia de la humanidad.

Un largo camino

A pesar de que la noción de que determinados prodigios de la naturaleza tenían que provenir de una fuerza superior subyace en la historia del hombre, lo cierto es que la idea de los milagros no se materializó como tal hasta el surgimiento de las religiones monoteístas.

De hecho, la relación del hombre con su entorno, con la naturaleza, ha ido cambiando a lo largo de los milenios. Hasta llegar al momento en que el hombre concibe que un ente superior es capaz de producir determinados cambios en lo que se considera el curso natural de las cosas, pasaremos por varias etapas.

Antes del pensamiento disciplinado, antes del surgimiento de la coherencia lógica (todavía no sabemos si después de ellos también) existe la magia. Y ésta es la que va a regir la relación del hombre con su espacio circundante durante milenios. Por ello, en la historia de la humanidad, lo originario parece ser el pensamiento mágico.

Cabe preguntarnos, entonces, qué es la magia para el hombre arcaico. Podemos decir, de manera general, que es la conexión inmediata entre la voluntad y el mundo, es decir, es el poder directo del espíritu sobre lo natural. «En este nivel, la magia se contrapone al trabajo. Quiero decir con ello que el hombre primitivo no intenta modificar el medio a través de un conocimiento o estudio de las circunstancias, sino que simplemente se limita a pedir cosas. Para dar un ejemplo, sería la diferencia entre suplicar lluvia al cielo en verano y hacer un pozo para recoger el agua caída durante el invierno. Para construir un aljibe se requieren conocimientos y previsión, pero sobre todo es necesario tener la certeza de que no basta con pedir sin más para obtener lo que se desea», explica Piero Vilaveccia, investigador de tradiciones arcaicas.

Es en este punto que la naturaleza comienza a tener, para el hombre, una nueva entidad. La magia pretende que lo exterior se someta a una voluntad particular, y ese mismo deseo dota, al tiempo, a lo exterior de una voluntad propia. Así, este hombre primitivo atribuye al universo una suerte de vida. Y esa autonomía obedece a innumerables fantasmas y fuerzas, que tanto pueden ser aliadas como convertirse en enemigas. Esa dualidad es la que, en definitiva, intentará ser controlada por medio de los rituales.

Pero el hombre primitivo, contra lo que pudiera pensarse, no se entrega sin más a esas fuerzas. En el pensamiento prefilosófico no hay sólo estupor y pánico frente a esos objetos (la naturaleza) sobre los que no tendría control alguno: hay también un universo lleno de vida, abierto al asombro de lo maravilloso, ajeno a la rutina, donde lo singular y lo inmenso se funden.

Para el hombre arcaico, sin embargo, su relación con la naturaleza no pasa por intentar animar lo inanimado, básicamente porque no hay nada inanimado para él. Los acontecimientos son acciones, y no hechos tal como los entendemos hoy. La salida del sol, por ejemplo, no es un hecho a analizar o a descomponer en fragmentos: el hombre arcaico lo capta como una totalidad significativa en sí misma.

«Estas acciones, en tanto operaciones, son así narrables. Por eso, su concepción del mundo que lo rodea le lleva a la formulación de las leyendas y otros mitos orales, donde lo real se cuenta de una manera metafórica. Así, confluyen en un mismo relato lo natural y excepcional, lo subjetivo y lo objetivo», especifica Piero Vilaveccia.

Con la aparición del mito, el pensamiento del hombre va avanzando en densidad y libertad. Poco a poco, contribuirán a perfilar las categorías del pensamiento racional, lo que implica que el hombre deja atrás (o a un costado), en este camino, un cierto tipo de relación con la naturaleza. Con el mito, el hombre no está haciendo más que buscar (y encontrar, a su modo), las razones o causas de los acontecimientos con los que convive a diario, desde la vida y la muerte hasta los fenómenos naturales. En general, el hombre arcaico se decantará por explicar todo mediante el conflicto. En las distintas civilizaciones vemos que se oponen los dioses benéficos a los maléficos, los héroes a los monstruos, el orden al caos, las aguas al fuego, etc.

«El mito, que usa siempre varios planos de significación, produce una visión no arbitraria o solo personal del acontecer. Es una forma sumamente concisa y profunda de transmitir la experiencia», puntualiza Hanna Jáuregui, experta en tradiciones mágicas. «Debido a que hace una crónica a través de la metáfora, es capaz de expresar cuestiones sustanciales de la condición humana y el mundo», asegura. Así, la mentalidad llamada primitiva empieza su retirada. Y la idea del milagro comienza a gestarse, poco a poco.

El hombre y la religión

La creación de la cultura va, indefectiblemente, ligada a la religión tal como la conocemos hoy. Sabemos que el pitecantropo es el primer homínido creador de cultura, que dispone ya del fuego y utiliza utensilios de sílex. Es decir, unos 50.000 años antes de nuestra era, nuestros antepasados ya se dedicaban a la pesca, la caza y la recolección de productos naturales. Además, estaban agrupados en hordas poco numerosas, y vivían en cavernas rocosas o chozas de piel. Uno de los datos más interesantes que tenemos, gracias a las investigaciones realizadas desde la antropología y la arqueología, es que ya había entre los pitecantropos una noción de poder, pues entre sus restos se encontraron bastones de mando. Además, es probable que veneraran la fecundidad, y quizás practicaran el canibalismo ritual.

Pero habrá que esperar hasta el cuarto período glacial (hacia el 10000 a.C.) para que comience, a partir de un proceso de desertización gradual, la domesticación de animales. En esta época ya nos encontramos con que la preocupación por el más allá comienza a evidenciarse a través de la inhumación o la cremación de cadáveres.

Entre el cuarto y el quinto milenio, en el neolítico, ya nos encontramos con el cultivo agrícola, la cría de ganado, la cerámica, el transporte fluvial y terrestre, la metalurgia, avances en la construcción, etc. La consecuencia de este avance tecnológico se sentirá, lógicamente, en la formación de las sociedades: tras la jerarquización del trabajo, aparecerá el rey-pontífice, lo que implicará la aparición de sacerdotes, guerreros, funcionarios, comerciantes, siervos y esclavos.

Estas ciudades-mercado, regidas por un sistema teocrático, tendrán entre sus prácticas más comunes las ofrendas a los difuntos. El culto a los muertos está presente en las representaciones que hablan de un juicio posterior a la muerte.

Pero lo cierto es que, todavía, la idea del milagro tal como ha trascendido hasta nuestros días, todavía no estaba plasmada. En realidad, el concepto que hoy conocemos sólo comienza a gestarse realmente cuando aparecen en escena las religiones monoteístas. Hacia el año 1500 a.C., en el Antiguo Egipto, encontramos el primer signo de este tipo de culto. El faraón Amenofis IV impuso un monoteísmo completamente racional, y ello es la fuente más probable de la posterior religiosidad judía.

El dios al que veneraba era el dios sol, pero de una manera diferente. Sobre las tumbas de Tel-el-Amarna, junto al tradicional dios solar con su cabeza de halcón, aparece una imagen nueva, que representa al propio Sol como un disco, desde donde surgen rayos en todas direcciones, y cada rayo termina en una mano que sujeta el símbolo de la vida. Esta instauración del monoteísmo será decisiva para la historia de la humanidad: es el paso que marca la decadencia del pensamiento mágico (más allá de que se conserve en ciertas culturas, y de que aún hoy se puedan encontrar manifestaciones de éste).

El acto creador del mundo, entonces, adquiere una nueva significación. Ya sea encarnado en la figura de Atón o de Jehová, es considerado el primer milagro: es una operación milagrosa, en tanto es inexplicable. Si bien antes existían los «milagros», lo cierto es que ahora, con la aparición en escena de un solo Dios, el ejército de oscuras potencias y milagros queda reducido o absorbido por entero en la figura de ese Dios, único ser capaz de producir milagros en lo sucesivo.

«De esta manera, toda magia directa o relacionada con el deseo o la voluntad de producir un determinado hecho, se ve sustituida por una magia indirecta. Es decir, aparece una suerte de mediador entre el hombre y lo que lo rodea: el hombre ya no puede actuar sobre la naturaleza de manera directa a través de su magia, necesita a un tercero que lo haga por él, y que cumpla sus deseos», explica Alfredo Laygas, investigador de ocultismo y simbología mágica.

Ahora, entonces, ya no queda espacio para producir cambios en la naturaleza. La única vía que le resta al hombre es la comunicación con Dios, a través de la súplica, a la espera de que este Dios actúe sobre la cosa física. Éste es, sin dudas, el origen de las oraciones que piden milagros: el hombre ha perdido su poder de realizarlos por sí mismo, y ahora se encomienda a un Dios para que él, principio y origen de todas las cosas, lo realice. Ésta es, también, en consecuencia, la causa por la que el monoteísmo judío lanzó desde el comienzo un anatema contra los magos profesionales, y contra toda magia doméstica distinta de la oración y el rezo.

Algunas definiciones de milagro

Lo que hoy llamamos milagro no es, probablemente, lo mismo que se consideraba en los tiempos de Jesús, durante la Edad Media o hace un siglo. La idea del milagro ha cambiado a lo largo de la historia, se ha adaptado, si se quiere, a las épocas, y ha evolucionado. Además, el concepto de milagro no es igual para todas las religiones, ni para quienes se suscriben a esas religiones. Y ciertamente es diferente para quienes se dedican a estudiarlos desde ámbitos como la filosofía o la antropología, o para los científicos, o para los ateos.

Por ahora intentaremos hacer un primer acercamiento, de manera de poner en claro algunos conceptos que, en definitiva, nos ayudarán a comenzar a desarrollar un tema que es complejo. El misterio que encierran estos sucesos que, en principio, escapan al entendimiento lógico propio de nuestra civilización, no es fácil de desentrañar. Pero podemos comenzar por establecer algunas pautas que nos permitan definirlo de manera general.

El milagro, entonces, puede ser definido como un hecho extraordinario dentro de nuestro mundo experimental. Es un acontecimiento que ocurre dentro de la experiencia humana, en el cual ciertas operaciones que hasta ese momento se tenían como normales, corrientes o lógicas dentro de la naturaleza parecen ser invalidadas o suspendidas. En general, estos acontecimientos se atribuyen a la intervención de una potencia divina, la cual varía de religión a religión. En el judaísmo, el catolicismo o el Islam, estos actos se interpretan normalmente como muestras de la existencia o el poder de un dios omnipresente. «En estas religiones, el milagro consiste en la acción de Dios en la naturaleza, pero que se realiza fuera de las leyes de la misma naturaleza», afirma el sociólogo Damián Castro. «El suceso considerado como milagroso no puede entonces explicarse por las causas naturales, sino que se debe a la acción inmediata de Dios. Para ser llamado milagro, el hecho debe ser sensible dentro del mundo asequible a la experiencia del creyente, pero además debe ser un hecho extraordinario, es decir, que no siga el curso ordinario de las leyes naturales», puntualiza.

En las religiones que consideran la existencia de los milagros (las cuales analizaremos más adelante con profundidad), una de las características fundamentales de estos hechos es que su causa última es, indefectiblemente, el mismo Dios. En estos acontecimientos encuentran la providencia divina, es un acto directo de contacto entre la divinidad y el fiel.

Hay muchas formas de catalogar a los milagros, aunque estas categorías, que pueden ser válidas hoy, tal vez no sean las mismas que podían existir al principio de nuestra era, y probablemente no sean útiles dentro de doscientos o trescientos años. Sin embargo, evaluar algunas posibilidades de clasificación de los milagros también puede ayudarnos a clarificar un poco las cosas.

Una de las maneras de ver los milagros es dividiéndolos según su esencia, por su sujeto o por el modo de su realización. Cuando nos referimos a la esencia, estamos hablando de hechos que son milagrosos porque no se dan en la naturaleza, como por ejemplo la bilocación (o, lo que es lo mismo, la estancia simultánea en lugares diversos). Los milagros que se agrupan por el sujeto suelen ser hechos naturales en sí, pero que no tienen una explicación natural en el sujeto en que se realiza. Por ejemplo, podemos señalar la resurrección de un cuerpo ya muerto. Por último, los milagros que se agrupan por el modo en que fueron realizados consisten en hechos que pueden ser producidos por la naturaleza pero que, por el modo de su realización, no pueden proceder de causas naturales. Un ejemplo clásico sería la curación repentina de una enfermedad orgánica que se consideraba incurable.

Otras corrientes de estudio de los milagros tienen diferentes categorías para definirlos o agruparlos. Una de las más claras puede ser la que determina cuatro tipos fundamentales: el milagro clásico, que consiste en modificar las leyes de la naturaleza por intervención divina o por medio de los santos; el milagro psicosomático o seudo-milagro, en el que una persona o un grupo considera que un hecho sobrenatural ha ocurrido, cuando no hay pruebas al respecto; las visiones, apariciones o inspiraciones; y, por último, la alteración de acontecimientos futuros por medio de la oración.

El milagro clásico es, además del tipo más aceptado y reconocido, el origen de los demás milagros. Es el que aparece en la Biblia, atribuido a los profetas, el Mesías y los apóstoles. En él está implícita la intervención directa de Dios, y los ejemplos clásicos son la resucitación de los muertos, la curación de enfermedades, convertir el agua en vino, abrir las aguas de los mares, etc. Estos milagros, lógicamente, pertenecen a otros tiempos, son los que las Sagradas Escrituras registran y que constituyen la base de buena parte del judaísmo y el catolicismo.

El segundo tipo de milagro, según esta clasificación, es el seudo-milagro, de características psicosomáticas. Se trata, en realidad, de una alteración ficticia de las leyes naturales. Por eso, puede suceder dentro del marco de cualquier religión, e incluso entre aquellos que a priori no son creyentes. Sin embargo, suelen producirse entre personas de una enorme fe, o en grupos de gente que se reúne y, entre todos, consideran que se ha producido un determinado milagro.

Cuando se intenta dar un ejemplo de este tipo de «milagros», es útil recurrir a la historia. En la Edad Media, el rey tenía la obligación de curar ciertas enfermedades a sus súbditos, y lo hacía tocando la mano de éstos. En ese momento, el porcentaje de curaciones era elevado, algo que hoy por hoy no podríamos considerar como factible.

Hoy día, es muy común que este tipo de seudo-milagros se produzca a partir de la veneración de imágenes, reliquias religiosas, e incluso por la devoción a diversos personajes, como por ejemplo personas que fallecieron de alguna manera poco clara, y que se supone pueden producir los milagros que se le pidan.

Quienes critican este tipo de espiritualidad señalan que estos «milagros» tienen como característica la realización de un evento que parece mágico pero que, en realidad, estaría producido mediante la sugestión, el hipnotismo, e incluso la histeria colectiva.

Las apariciones y visiones constituyen, según este esquema interpretativo, el tercer tipo de milagro. En general, se refiere a apariciones de la Virgen María, visiones de ángeles y demonios, etc. Es, entre todos los milagros, el considerado con más escepticismo dentro del ámbito científico. Este tipo de milagros requiere de una persona «inspirada», por lo que es muy difícil de demostrar, puesto que el sujeto puede estar mintiendo, o bien encontrarse bajo un estado mental poco estable.

El último tipo es el que se refiere a la posibilidad de modificar los acontecimientos por medio de la oración. Esta clase de milagro es relativamente nueva, y tiene que ver con el intento, bastante presente en varias religiones, o al menos en algunas de sus corrientes, de formar cadenas de oración con fines específicos. En general, se suelen realizar con vistas a producir algún tipo de cura o de alivio de enfermedades terminales, aunque en este caso también debemos señalar la posible existencia de un efecto placebo, o de algún tipo de sugestión colectiva.

La controversia de su existencia

Así como las definiciones de lo que es un milagro han ido modificándose a lo largo de los siglos, algo similar ocurre cuando nos detenemos a observar qué dicen las distintas disciplinas del pensamiento acerca de estos sucesos. Las teorías filosóficas, antropológicas e incluso teológicas que tocan el tema giran, en muchos casos, sobre la cuestión de si es posible que los milagros existan, más allá de cualquier consideración religiosa.

¿A qué nos estamos refiriendo? A una cuestión fundamental: si tomamos por cierto el hecho de que un milagro es un hecho que de alguna manera rompe con las leyes de la naturaleza, ¿cómo saber cuándo ocurre esto? Lo que en el fondo se está planteando es cuánto conocemos de la naturaleza, qué es lo natural en ella, e incluso si no es natural que, de tanto en tanto, algunos hechos sean diferentes de los que se venía experimentando y observando hasta ese momento.

Durante la historia de la humanidad son muchos los pensadores que han atacado la idea de la existencia de los milagros. Especialmente desde la filosofía, y con argumentos que van desde lo estrictamente científico a lo ontológico, podemos encontrar decenas de líneas de pensamiento contrarias al concepto de milagro en sí mismo.

Uno de los argumentos que se suelen presentar en contra de la existencia de los milagros es el que indica que la naturaleza sigue determinadas leyes, por lo que cualquier suceso que acontezca está, en realidad, dentro de las leyes de la naturaleza. Sería algo así como decir que no hay milagros porque la naturaleza sigue leyes. El contrargumento es, también, sencillo: quienes defienden la existencia de los milagros plantean que, justamente, si la naturaleza no siguiera leyes, no podría haber milagros. Es decir, no puede existir lo sobrenatural si no hay lo natural, y no puede haber algo que no quepa dentro de las leyes de la naturaleza si no existen estas leyes previamente.

Sin embargo, los críticos de los milagros indican que aceptar un milagro sería, al tiempo, suponer que es posible violar las leyes naturales. Éstas poseerían, según esta línea de pensamiento, una necesidad absoluta, metafísica, por lo que su incumplimiento sería contradictorio y, por tanto, impensable e imposible. Y aún cuando se respondiera que las leyes naturales pueden no ser lógicas, y por tanto su negación no implicaría una contradicción, queda un aspecto más por resolver. Si las leyes científicas son de naturaleza inductiva, basadas en la experiencia, ¿cómo podría afirmarse que un hecho es sobrenatural? Es decir, si para la ciencia siempre es posible lo contrario de una ley científica, entonces cualquier hecho, por muy sobrenatural o milagroso que parezca, puede en realidad estar respondiendo a las leyes de la naturaleza.

Una posible respuesta a este dilema podría estar en hacer una distinción entre «ley natural» y «ley científica». Las leyes científicas sí podrían ser desmentidas un día por la experiencia, sólo en tanto no sean auténticas leyes naturales. Claro que esta idea, defendida por quienes pretenden demostrar la existencia de los milagros, se topa con el problema irresoluble de determinar cuál es ley natural y cuál no. En este caso, quienes sostienen esta hipótesis plantean que las leyes naturales son las que gobiernan el cosmos, mientras que las científicas son las que formulan los hombres de ciencia tratando de conocer ese orden natural. Así, entonces, se hace difícil, si no imposible, determinar esas leyes naturales y, llegado el caso, encontrar cuáles son los hechos sobrenaturales o, mejor dicho, los milagros que rompen esas leyes naturales.

La explicación que dan se remite, en última instancia, a Dios. Plantean que sólo su intervención en un determinado acontecimiento es un factor de orden sobrenatural. La naturaleza, según esta hipótesis, está constituida por las intervenciones mediatas o indirectas de Dios, realizadas a través de las causas segundas, es decir, a través del obrar cotidiano de los hombres. Por eso, el llamado curso natural de las cosas no sería más que la manifestación de Dios.

Así, los milagros no podrían ser «violaciones» de las leyes naturales porque no caen bajo esas leyes, debido a que no se trata de hechos naturales. La ley natural contemplaría ya la posibilidad de una intervención sobrenatural divina, al restringir su validez exclusivamente al ámbito del «curso natural» de las cosas.

Pero más allá de esta discusión con la ciencia que se da desde el ámbito religioso, filósofos tan trascendentales en la historia del pensamiento como el escocés David Hume han llegado a poner en duda que exista alguna justificación para creer en los milagros. Su argumento no trata de demostrar, como el anterior, que un milagro es imposible, sino que intenta dar cuenta de que no existe ninguna justificación para creer en un milagro. En otras palabras, no existiría siquiera una buena razón para que uno crea en un milagro.

Resumiendo, podríamos decir que su argumento plantea, por un lado, que nuestra experiencia nos dice que las leyes de la naturaleza no pueden ser alteradas, y que un milagro es la alteración de estas leyes. Si nuestra experiencia uniforme equivale a la evidencia de que algo ocurre, entonces esta misma experiencia uniforme nos indica que un milagro no puede ocurrir.

En este caso, «experiencia» se refiere al conocimiento adquirido por medio de los cinco sentidos (vista, tacto, olfato, oído y gusto), mientras que «uniforme» está relacionado con lo que experimentamos normalmente, lo que se repite una y otra vez. Ya que nuestra experiencia es la única manera de saber si algo ocurre o no, y ya que en nuestra experiencia no vemos que ocurran milagros, Hume concluye que no hay ninguna justificación para creer en un milagro.

Para Hume, cualquier hecho o evento único nunca puede tener bastante evidencia para ser creído (en otras palabras, debe ser rechazado). La crítica a este pensamiento se orienta a la imposibilidad de encuadrar los hechos únicos en ningún sitio. Lo que dicen sus detractores es que si Hume está en lo correcto, no solamente tendríamos que rechazar la existencia de milagros sino también la existencia de hechos únicos. Un buen ejemplo sería la lotería. Las probabilidades de que alguien gane la lotería son extremadamente bajas. Es más, nuestra experiencia nos dice que si compramos un boleto de lotería lo más probable es que no vamos a ganar. Sin embargo, se han dado casos en que una persona gana el premio mayor (a pesar de que todas las probabilidades y su experiencia estaban en contra de ella). Pero si seguimos con el razonamiento de Hume, tal vez no deberíamos creer que esta persona ganó la lotería. Así, esta conclusión sería absurda. El hecho de que un evento no se repita una y otra vez no significa que el evento no ocurra. Siempre hay excepciones a la regla o a la norma. Ése es, al menos, el argumento que contraponen quienes no aceptan la tesis de Hume.

Los nuevos conceptos de milagro

Más allá de especulaciones filosóficas, lo cierto es que el arco iris, la aurora boreal, la lluvia de piedras y peces y demás formas conocidas y desconocidas de la realidad natural, han sido motivo de admiración para todos los hombres en todas las épocas. Desde siempre, el hombre ha contemplado estos acontecimientos naturales como si fueran milagros, porque tal vez sean la proyección de sus propios sueños. La bóveda celeste, el sol, la luna, las estrellas, son verdades científicas indiscutibles, pero no cesarán de ser motivo nunca de reflexión e, incluso, de controversia. La interrogación sobre el mundo que nos rodea no acaba ni con la ciencia ni con la religión, porque el sentido de su existencia muchas veces se nos escapa, incluso cuando intentemos hallarlo en un Dios.

Las antiguas poblaciones eurásicas, africanas, australianas o americanas tenían sus propias maneras de explicar y relacionarse con el mundo, es decir, un sistema mítico-simbólico, ya fuera basado en el animismo, el totemismo, la idolatría, la magia, etc. Podemos decir, incluso, que estas formas espirituales prefiguraron las grandes estructuras religiosas que hoy conocemos como cristianismo, islamismo, budismo o shintoismo.

«La dialéctica del pensamiento religioso pasa sin solución de continuidad de las lejanas divinidades celestes de los primeros hombres, a la encarnación de lo sagrado en una piedra, animal o árbol, de las sociedades llamadas primitivas, y de allí nuevamente a la cúpula estrellada en busca del nombre de Dios», nos relata Gabino Marqués, antropólogo.

La vigencia de esta entidad en las poblaciones arcaicas y «primitivas», y luego en la población occidental, es la que nos permite rastrear la idea del milagro, con todas sus diferencias y matices, a lo largo de la historia del hombre. Sin embargo, en este punto cabría dejar algo en claro: no podemos ni debemos atribuir a las llamadas grandes religiones una categoría superior, ni concebir la historia espiritual del hombre en términos evolucionistas. La famosa teoría darwiniana de la selección natural no parece funcionar en el terreno espiritual.

De hecho, actualmente existen, diseminados sobre la faz de la tierra, sistemas religiosos y mitológicos que aún practican, casi sin alteraciones, los arcaicos ritos mágicos de la fertilidad, la iniciación y la muerte. Aunque esas costumbres pertenezcan a sociedades igualmente arcaicas, lo cierto es que éstas alcanzan los mismos niveles de elevación de las religiones mayores. «Desde sus orígenes, la especie humana lleva consigo una suerte de núcleo espiritual inmutable que atraviesa tiempo y latitudes sin jamás perder de vista una meta que es, al mismo tiempo, parte integrante de su naturaleza. La religión y la magia acompañan la marcha del hombre sin renegar de sus orígenes y constituyen un territorio firme, contrapuesto a las incesantes transformaciones causadas por la avanzada tecnológica», señala Gabino Marqués.

Sí es cierto que las antiguas formas de espiritualidad conviven con las más nuevas, un ejemplo de ello lo podemos encontrar en la corriente llamada Nueva Era. En ella confluyen un amplio abanico de nociones: el espiritualismo, la astrología, experiencias fuera del cuerpo, reencarnación y las disciplinas del ocultismo, como así también técnicas psicoterapéuticas no ortodoxas y aplicaciones seudo-científicas de los poderes sanadores de los cristales y las pirámides. Y si nos detenemos en ella es porque plantea una nueva forma de entender los milagros, más relacionada al ser humano que a un Dios.

En la New Age, algunas prácticas como la reencarnación, la sanidad interior, la idea de la bioalimentación, el yoga, el I Ching, la hipnoterapia, la acupuntura, la meditación trascendental, las artes marciales, meditación, visualizaciones, etc., son una manera de acercarse a la esencia del hombre. Y en buena medida, son el instrumento a través del cual cada persona es capaz de producir sus propios milagros.

En este sentido, uno de los principales exponentes de esta corriente es *Un Curso de Milagros*, que comenzó como un libro publicado por primera vez en 1975. Desde entonces, se convirtió en la piedra basal de toda una filosofía de vida, seguida por miles de personas en todo el mundo, aunque también ampliamente criticada por diversas religiones, sobre todo la católica.

El texto original fue publicado por la doctora Helen Shucman, catedrática de la facultad de Psicología de la Universidad de Columbia, en Nueva York. *Un Curso de Milagros* es, según sus seguidores, un sistema de auto-estudio de pensamiento espiritual que se basa en el concepto de «deshacer la culpa», es decir, otorgarse el perdón a sí mismo y a los demás. La idea, entonces, sería algo así como curarse de las percepciones incorrectas acerca de las relaciones y de la vida en general. El método para lograrlo sería encontrar las bases en las que se fundamentan nuestros miedos y culpas, de manera de superarlos a través de los milagros.

Como vemos, el concepto de milagro no es como el que conocemos (especialmente el que hemos adquirido a través de la religión católica), ya que no se refiere a actos mágicos o sobrenaturales, ni a experiencias paranormales o a peticiones a entidades superiores. Sin embargo, sí tiene que ver con la religión, ya que además de utilizar un lenguaje muy similar al de la iglesia católica, también se relaciona con la oración a Dios.

¿En qué quedamos, entonces? Los milagros, para esta corriente, son el modo en que las personas se liberan de su culpa acercándose a un cambio de percepción. La idea sería alejarse del miedo y entrar en comunión con el mundo. Según sus seguidores, el milagro es una corrección. Pero este milagro no crea ni cambia nada en absoluto, sino que simplemente contempla la devastación y le recuerda a la mente que lo que ve es falso. El perdón, para *Un Curso de Milagros*, sería la morada de los milagros, ya que en la condición del perdón la mente se vuelve receptiva y abierta para concebir la posibilidad, la realidad del milagro.

Al principio, dicen, el milagro se acepta mediante la fe, pues pedirlo implica que la mente está ahora lista para concebir aquello que no puede ver ni entender. El objetivo es que la mente conciba que el milagro es algo real, de manera que quede fijado en ella.

¿Y qué lugar ocupa Dios, entonces? Hasta ahora habíamos visto que en la mayoría de las religiones había un ser superior al que los creyentes consideraban capaz de producir determinados hechos que escapaban de la explicación racional y que quebraban, en principio, las leyes de la naturaleza. En esta vertiente de la Nueva Era, Dios está presente, pero de una manera muy diferente.

Para ellos, el milagro procede de Dios, pero tiene lugar y se manifiesta en el mundo del tiempo. Sus efectos no son continuamente observables, pero siempre tienen lugar en la forma o en la manera que más útil le pueda resultar al que lo recibe. En realidad, se plantea que el único milagro que Dios haría sobre sus fieles es el de restaurar su mente, o su conciencia, de manera de sus hijos entren en comunión con su entorno. Así, consideran que el milagro «es» ahora mismo, en tanto quiebra un paradigma de pensamiento en quien lo recibe, y lo predispone a concebir que «el milagro es real». La cuestión, entonces, es encontrar el pensamiento de salvación que, dicen, está en nuestras mentes.

Como vemos, en el Curso se utiliza una terminología cristiana, pero de una manera muy diferente a la que emplea la iglesia católica. De hecho, la Nueva Era considera que Dios pertenece a la Creación, y que no está separado de ésta. Esa, lógicamente, es una de las críticas más fuertes que le hace la iglesia.

Además, la Nueva Era adopta de las religiones orientales el credo del monismo (en el que «todo es Uno»), es decir, consideran que sólo hay una esencia en el universo, y todo y todos son parte de esa esencia. Así, los seguidores de la Nueva Era no consideran que exista un único redentor para la humanidad (que sería el sitio de Jesucristo), porque consideran que todos los hombres tienen un origen divino. Por ello, no hay a quién pedirle un milagro: es necesario buscar en uno mismo para encontrarlo, a través de la exploración interna.

El poder mental, en un punto, adquiere cierta relevancia. Con este poder, el hombre tiene la posibilidad de lograr lo que anhela con tan solo desearlo, proponérselo. Sin embargo, en principio, lo que propone la Nueva Era es buscar el pensamiento de salvación, que se encuentra en nuestras mentes. El objetivo, en cualquier caso, es deshacernos de las percepciones erróneas, y el hecho de lograrlo sería el milagro. Y, sólo una vez alcanzado ese estado de percepción corregida, nos daríamos cuenta de que tenemos una dependencia de Dios. El milagro, entonces, no habría que buscarlo en Dios, sino en nosotros mismos. Y el milagro, así, sería encontrar a Dios.

Pero *Un Curso de Milagros*, entre otras cosas, plantea que debemos buscar los milagros dondequiera que uno los desee o los espere. Además, incita a «crear» milagros. A través de una serie de 365 ejercicios (uno para cada día del año), se propone comenzar por donde se tiene conocimientos, en los escenarios de la vida donde ya se encuentren, para luego expandirse y así expandir la conciencia. Para encontrar armonía, dicen, es necesario expandir los milagros.

Evidentemente, cada doctrina tiene su propia concepción de los milagros. Cada religión ha adoptado la forma de plantear la relación entre el hombre y la naturaleza, y entre el hombre y dios, de una manera diferente. A lo largo de esta obra intentaremos comprender qué hay detrás de estas ideas.

Capítulo II

LOS MILAGROS Y LA RELIGIÓN

> «No consideraremos milagrosa ninguna experiencia que podamos tener, sea la que sea, si de antemano mantenemos una filosofía que excluye lo sobrenatural».
>
> Clive Staples Lewis, 1898-1963.
> Escritor británico.

Cuando hablamos de milagros, lo primero que viene a nuestra cabeza es, sin dudas, la imagen de santos y, en última instancia, nos remitimos a la iglesia. Es que la idea de los milagros no puede entenderse sin un contexto adecuado. Y ese contexto, en la actualidad, no es otro que el de la religión. Es dentro de su marco regulador, de su doctrina filosófica o teológica particular que los milagros encuentran su razón de ser y, en buena medida, su explicación.

Como veíamos, los milagros son aquello que sucede fuera de las fronteras de lo que la ciencia puede explicar. Pero, sobre todo, los milagros son una prueba de la existencia de Dios, el medio por el cual él se comunica con sus fieles, la manera que tiene la divinidad de dar cuenta de su presencia en la tierra a través de determinados enviados.

Entonces, la idea del milagro no puede concebirse separada de la idea de la existencia de Dios. Y hoy por hoy, el concepto de Dios encuentra su expresión máxima dentro del marco de las distintas religiones que se extienden a lo largo del planeta. Así, los milagros han pasado a ser casi exclusivos de los distintos credos.

Aunque, como veremos más adelante, la religión católica es la que más importancia da a la realización de milagros, lo cierto es que no es la única que los contempla dentro de su doctrina. Lo que diferencia a los cultos católicos de otros tipos de credo es, tal vez, el hecho de que los milagros, en los primeros, siguen siendo relevantes, se siguen produciendo e incluso son la prueba fundamental para determinar una canonización. En el caso de muchas otras religiones, como analizaremos, los milagros son más fundacionales que actuales, es decir, suelen estar referidos a los primeros profetas y, en general, sólo ocurrieron en los tiempos de la fundación de esa religión.

Pero no es lo mismo lo que dicta la doctrina de determinada iglesia que lo que realmente experimentan los fieles. En muchos casos, a pesar de que su credo indica que los milagros sólo son cosa del pasado, el creyente todavía busca (y, por sus relatos, experimenta) intervenciones milagrosas en su vida. Lo cierto es que, a pesar de las eternas discusiones en el seno de las propias religiones o de los credos con la ciencia y los científicos, hombres y mujeres siguen, en todo el mundo, reuniéndose para celebrar los actos milagrosos que Dios, o los dioses, un santo o sabio, realizaron o realizan en beneficio de los fieles. Y ello, definitivamente, no es un hecho a pasar por alto.

De hecho, no sólo en la religión católica se verifica esta realidad. Muchos judíos, budistas, como también hindúes y musulmanes, intentan encontrar, ya sea por medio de la oración, de la asistencia al templo, o de cualquier tipo de contacto con su dios, una señal que mejore algún aspecto de su vida o la de alguna persona del entorno.

Según una encuesta publicada por la revista *Newsweek*, el 84 por ciento de los adultos en Estados Unidos dicen creer que Dios realiza milagros, y cerca de la mitad (el 48 por ciento) afirman que ellos han experimentado o sido testigos de alguno. Ello nos indica a las claras que el tema de los milagros sigue tan vital como hace mil o dos mil años, y se verifica justamente en una sociedad que se jacta de ser el hogar de todas las religiones del mundo.

La misma encuesta indica, además, que tres cuartas partes de los católicos norteamericanos dicen rezar para que suceda un milagro, y entre los no cristianos —lo cual incluye personas no creyentes— el 43 por ciento dicen que han pedido la intervención de Dios.

Entre los milagros más requeridos se encuentran, sin lugar a dudas, los que piden algún tipo de curación, ya sea para la propia persona que lo solicita como para algún familiar o persona cercana. Como veremos, este tipo de milagros son prácticamente los únicos que la iglesia católica considera como válidos en los últimos tiempos, probablemente porque son los únicos que, de alguna manera, la ciencia puede intentar convalidar a través de las investigaciones. Tal vez sea por eso que la mitad de los norteamericanos encuestados dan crédito a que Dios puede devolver la vida a personas que han sido declaradas clínicamente muertas.

Los milagros en la vida de las personas tienen un enorme significado simbólico. En muchos casos, un hecho que es considerado milagroso puede cambiar la vida no sólo de una persona, sino también de aquellos que lo rodean, e incluso de un pueblo o una ciudad. Cuando un suceso, como por ejemplo una curación, sucede dentro de una comunidad, se suelen verificar modificaciones en la conducta de todos sus miembros: el santo o la persona que se supone lo realizó comienza a ser venerada por todos, e incluso puede ocurrir que gente de otras zonas se acerque hasta el lugar, con lo que hasta la economía de un pueblo puede verse alterada.

Para los fieles, el milagro proporciona dos cosas: por un lado, es el medio a través del cual experimentan su relación con Dios; y por el otro, es una forma de explicar el comportamiento de ese Dios con ellos mismos, con sus seguidores.

Nuevos y viejos milagros

En la historia de la mayoría de las religiones existen los milagros. Están presentes, en todos los casos, como el puntapié inicial de la religión, ya sea porque fueron realizados por los profetas o fundadores de esa religión, o bien porque una revelación divina (como es el caso del Islam con respecto a la redacción del Corán) es considerada un milagro en sí.

Milagros, entonces, hay por todo el mundo. «En la antigua India, al igual que en el antiguo Oriente Medio, encontramos que los milagros son parte fundamental de la formación y el crecimiento de las religiones que allí se desarrollaron», asegura Manuel Seral, investigador de tradiciones arcaicas. «Estos milagros cumplían dos funciones básicas: podían actuar bien como señal, bien como prodigio. En principio, podríamos reducir su funcionalidad a estas dos cuestiones, ya que los milagros ocupan un lugar similar en todas las religiones, al menos en la etapa de su formación y desarrollo».

Según nos explica Manuel Seral, los milagros que podemos catalogar como prodigio son aquellos que incitaban al asombro, es decir, que servían para llamar la atención de los fieles y, en determinados casos, para convencer a los incrédulos del poder que determinado hombre había recibido de Dios. Cuando hablamos de que los milagros funcionaban como señales, nos estamos refiriendo a que servían para significar la presencia del poder trascendente.

Un ejemplo claro lo vemos en el clásico milagro de Mahoma, que buscó demostrar la compasión de Alá el Misericordioso a través de la producción de agua en el desierto para que bebieran sus acompañantes. También Buda deslumbró a sus parientes al elevarse en el aire, dividiendo su cuerpo en pedazos y volviéndolos a juntar. Así, señaló a todos que vieran que había alcanzado la completa liberación de las leyes férreas del karma, la única vía de salvación posible.

En el caso del cristianismo, las cosas también son claras. Un buen ejemplo lo encontramos en el relato de cuando Jesús levantó a Lázaro de entre los muertos: era la manera de mostrar su poder sobre la muerte, y también una forma de predecir su propia resurrección. En ese acto, se estaba haciendo eco de los milagros realizados por los anteriores profetas hebreos Elías y Eliseo, y estaba también al tiempo marcando el patrón para los mismos milagros que realizarían los apóstoles Pedro y Pablo, e incluso para los que vendrían más tarde, de la mano de los santos.

Cuestión de narraciones

A pesar de que en general, al pensar en las religiones y los milagros, solemos remitirnos sin más a los obrados por Jesús según los Evangelios, lo cierto es que el cristianismo no es la única religión que los registra en su historia. Jesús no era el único que, en su época, obraba curaciones. Otros también lo hacían, tanto en ambientes judíos como griegos. «Comparadas con las narraciones paganas, las narraciones de milagros que consignan los evangelios sorprenden por su sobriedad y discreción. Esta mesura se hace evidente sobre todo cuando analizamos el comportamiento de Jesús frente a sus propios prodigios según lo cuenta la Biblia: él no obra milagros sino en la medida en que puedan aparecer como un signo de su propia misión. Quiero decir con ello que, al presentar Jesús sus milagros como parte de su obra, les quita en cierta medida su componente más mágico, y les adjudica al mismo tiempo un cariz más religioso, si se quiere», reflexiona Marisa Benovart, experta en simbología.

Así, Jesús se niega a obrar milagros que sean «inútiles», aquellos que se le pedían «para ver», simplemente. Esto queda evidente en algunas de sus explicaciones, como cuando luego de obrar un milagro dice: «Para que veáis que el Hijo del Hombre tiene poder para perdonar pecados». La significación, en general, acompaña de tal manera al milagro que le da un sentido verdadero, como en la multiplicación de los panes (con la que anuncia la Eucaristía), las resurrecciones de los muertos (en las que anuncia su propia resurrección), etc.

Los relatos que encontramos entre los escritos rabínicos judíos y en la literatura griega tienen un tenor parecido, en tanto hay historias de curaciones, expulsiones de demonios, resurrecciones y tempestades calmadas. Los escritos de la época aseguran que Apolonio de Tiana, por ejemplo, obraba milagros. Y en el santuario de Asclepiades, en Epidauro, también los había. Los relatos que nos llegan, tanto de judíos como de hebreos, están construidos, muchas veces, de manera análoga a los que tenemos de los evangelios. «Creo que es razonable admitir, a partir de estas similitudes, que ha habido hechos extraordinarios en cada uno de estos universos religiosos, más allá de que es posible que en todos ellos se haya podido exagerar los hechos para hacerlos más significativos», argumenta Marisa Benovart.

En todo caso, tenemos que tener en cuenta que hoy nos es difícil mirar un milagro como podía hacerse en tiempos de Jesús. Nosotros vemos el mundo a través de un saber científico o técnico, mientras los judíos lo veían como ligado a Dios. Si el milagro es para nosotros una suspensión de las leyes de la naturaleza, para los judíos era algo muy distinto: era la interacción normal de Dios con su creación. «Así como nosotros evaluamos el milagro desde nuestra óptica, poniéndolo en relación con una visión científica del universo, intentando encontrarle una causa a través de la ciencia, en otros momentos de la historia del hombre el milagro tenía su lugar en una visión religiosa del mundo. Y ese lugar era importante, y no se discutía de la manera en que se pone en duda ahora», asegura Hanna Jáuregui, experta en tradiciones mágicas. Y añade: «Allí donde nosotros vemos actualmente una oposición entre un milagro y el curso normal del mundo, los judíos veían una continuidad armoniosa en la acción de Dios que crea el mundo y se manifiesta en él».

Además, tenemos que tener en cuenta que el pueblo judío fue uno de los primeros en cerrarse a la idea de la magia tal como la tenían los pueblos que les rodeaban. A pesar de que el padre de esta religión, Abraham, procedía de la Mesopotamia, y sus mitos y leyes tenían mucho que ver con los de los babilonios, su religión se diferenciaba mucho de la de sus vecinos. Para empezar, creían en un solo Dios, que les era especialmente propicio, y con él sostenían comunicación directa sus dirigentes y profetas. Este Dios, llamado Jehová, se les revelaba de tres maneras distintas: en el sueño, en visiones diurnas (que solían producirse en estados de acentuada excitación psíquica), y en presagios y milagros. Los presagios y milagros no tenían, en realidad, carácter profético, aunque lo cierto es que no llegaban de improviso, sino que casi siempre se presentaban como respuesta a un ruego de algún profeta. Jehová entonces los concedía con el fin de demostrar su omnipotencia y, a veces, con el objetivo de dar crédito a los profetas a los ojos de los más escépticos. Así, por ejemplo, ocurrió a Moisés durante su peregrinar por cuarenta años a través del desierto con su pueblo, cuando Dios se le apareció en forma de zarza ardiendo, justo en el momento en que muchos comenzaban a dudar de la conveniencia de haber dejado Egipto en busca de la tierra prometida.

Con respecto a este tipo de milagros, debemos dejar en claro que no sólo el judaísmo y el cristianismo los dan por válidos. El Islam también considera su existencia, pero presupone que esas alteraciones del orden natural sucedieron en el pasado. El Corán, entonces, acepta la validez de los milagros de los llamados profetas primitivos (Noé, Abraham, Moisés y otros), pero los declara anticuados. Hay una creencia islámica de que los profetas se extinguieron con Mahoma, y con él sucedió el último milagro: el propio libro del Corán.

El Sagrado Corán es la revelación que Dios le hizo al Profeta Mahoma a lo largo de los últimos veintitrés años de su vida, hace unos 1.400 años aproximadamente. Es considerado uno de los Libros Celestiales, junto con la Torah, los Salmos y el Evangelio, con la particularidad de ser el último de ellos y, por consiguiente, el más cercano a nuestro tiempo.

Según la tradición islámica, el Corán fue registrado en la medida en que se iba revelando, durante la vida del Profeta. Por ello en el Islam nadie puede alegar la inspiración del Espíritu Santo para realizar alguna alteración o agregado al texto coránico. El Corán, por ser la palabra de Dios, es un objeto de la creación divina, y por ello el Corán es considerado como un milagro en sí mismo.

Para el Islam, la definición de milagro no es muy diferente a la que tienen las demás religiones. Consideran que un milagro es una trasgresión a las leyes de la naturaleza que va más allá de las capacidades humanas, por lo que resulta una prueba del poder de Dios. Con este sentido de prueba, todos los profetas han exhibido milagros, como un signo de su autenticidad, como una muestra de su relación con Dios. Estos milagros, consistentes en la transformación de la materia, la curación de las enfermedades y defectos hasta entonces incurables, la resucitación de muertos, etc., eran fenómenos imposibles de reproducir por aquellos que los presenciaban. Se supone que no se trataba de hechos que tuviesen una explicación racional ni de actos de magia, y tampoco consistían en poderes sobrenaturales o paranormales de los mismos profetas, limitados al ámbito humano. La doctrina coránica rechaza todas estas cuestiones, y sólo los atribuye al poder de Dios. Es Dios mismo quien puede modificar y transgredir dichas leyes a su voluntad.

Pero más allá de que distintos profetas en la antigüedad hayan realizado milagros, el Islam considera que el profeta Mahoma fue el autor del llamado «verdadero milagro»: el Sagrado Corán. «En el Islam se considera que Mahoma, como sello de condición de profeta, presentó un milagro que pudiese ser presenciado por los hombres de todas las épocas y lugares hasta el fin de los tiempos, y que todos pudiesen analizar y corroborar su aspecto milagroso. En cambio, los otros milagros realizados por los profetas solamente presentarían un valor completo para aquellos que los han presenciado. Además, sostienen que Mahoma ha sido enviado por Dios a toda la humanidad, mientras que los profetas anteriores tenían una misión más limitada. Por eso, el milagro que probase su autenticidad debía perdurar a lo largo del tiempo», nos señala el antropólogo Gabino Marqués.

Sin embargo, debemos señalar que la redacción del Corán no es el único milagro que se le atribuye a Mahoma. En su historia también existen los milagros que se adaptan mejor a lo que es nuestro concepto actual. Como ejemplo podemos señalar, además del mencionado de la creación de agua en el desierto, el de la fragmentación de la luna. Según la tradición islámica, este milagro se produjo frente a una concurrencia que negaba la profetización de Mahoma. Se dice que el profeta fragmentó la luna en dos con un movimiento de su dedo índice. Una mitad de la luna apareció detrás de la montaña y la otra delante de ésta. Es decir, al igual que otros profetas, Mahoma realizó milagros que se ajustan a la definición que conocemos y aceptamos como válida, la cual indica que es una suerte de suspensión de las leyes de la naturaleza. En todo caso, lo que diferencia al Islam del judaísmo o el cristianismo es que ha dado por cerrada la posibilidad de que se produzcan nuevos milagros, ya que el mayor milagro, el Corán, está escrito.

Los milagros en la Biblia

La Biblia es, sin lugar a dudas, el mayor compendio de milagros realizado de todos los tiempos. Allí se relatan todos los realizados por Moisés, Jesús y sus apóstoles con tal lujo de detalles que son en buena medida el corazón de las Escrituras. Esos milagros han servido como inspiración para los creyentes de todos los tiempos, seguramente por su alto contenido simbólico.

Sin embargo, hoy seguimos observando que a diario se producen determinados milagros en los lugares más distantes del planeta. Esos milagros no pueden considerarse, a pesar de lo que muchos quisieran, como de la misma envergadura de los que relata la Biblia. En estos tiempos no se ve la división de las aguas de un mar, ni la multiplicación de los panes o los peces.

Esta cuestión de la diferencia de la «calidad» de los milagros ha dado mucho que hablar, y ha sido centro de acaloradas discusiones en el seno de distintas iglesias cristianas. Sin embargo, sin adentrarnos en esa discusión por el momento, es importante analizar de qué manera son presentados y relatados los milagros, tanto en el Antiguo como en el Nuevo Testamento, ya que ello nos dará una buena base para comenzar a entender cómo se ha formado nuestro actual concepto occidental del milagro.

Los investigadores de la Biblia están en general de acuerdo en señalar que la mayoría de los milagros de las Escrituras ocurrió en tres períodos de la historia bíblica relativamente breves:

- En los días de Moisés y Josué.
- Durante el ministerio de Elías y Eliseo.
- En el tiempo de Jesús y sus apóstoles.

Estos períodos son todos menores a los cien años, y tienen una característica que los une: en cada uno de ellos hubo una proliferación de milagros que no existió en otras épocas. En todos los casos, sin embargo, tuvieron como protagonistas a hombres que eran considerados como mensajeros de Dios, y en ningún caso fueron obrados por personas comunes y corrientes.

En el Antiguo Testamento hay unos pocos personajes fundamentales en lo que a milagros se refiere. Moisés es, sin dudas, el más relevante, no sólo por ser el primer obrador de milagros, sino también por haber sido investido por Dios para realizarlos, luego de una suerte de contacto directo. En la Biblia se explica por qué lo dotó Dios con esa capacidad: «Para que ellos (el pueblo) puedan creer que el Señor Dios de sus padres... se te ha aparecido» (Éx. 4, 5). Es una de las primeras menciones que encontramos acerca de la causa o el objetivo de la realización de milagros, y vemos que es un don que sólo se le da a los profetas. Ello será una constante a lo largo de las Escrituras, como veremos más adelante: los milagros servirán para atestiguar su misión divina y, al tiempo, para dar una señal que llame la atención sobre la predicación de los profetas.

En el libro I Reyes encontramos lo que podríamos llamar la segunda etapa de milagros en la Biblia. Un ejemplo es el momento en que Elías se levantó en el monte Carmelo para pedir fuego del cielo para que consumiera su sacrificio. Su propósito esencial era validar ante el pueblo su ministerio profético. Él oró así: «Jehová Dios de Abraham, de Isaac y de Israel, sea hoy manifiesto que tú eres Dios en Israel, y que yo soy tu siervo, y que por mandato tuyo he hecho todas estas cosas» (I Reyes 18,36). Él consideraba el milagro como una confirmación para el pueblo de que el hombre que lo realizaba era un profeta de Dios. En el Salmo 74,9, en medio del lamento por la desolación del pueblo de Dios, el salmista dice: «No vemos ya nuestras señales; no hay más profeta, ni entre nosotros hay quién sepa hasta cuándo».

«La cuestión de la ausencia de señales, en este caso, es muy significativa. Si tomamos en cuenta que la poesía hebrea se caracteriza por una sucesión de oraciones paralelas que contienen una misma idea básica al tiempo que añaden nueva información, encontramos que esta ausencia de señales, es decir, de milagros, indica que hay ausencia de profeta. Y lo que ello implica es, nada menos, que hay ausencia de Dios», explica Marisa Benovart, experta en simbología.

Es decir, la Biblia en sí misma indicaría, en este caso, que sólo los profetas son capaces de obrar milagros. Así, cuando se produce un milagro, se espera oír con él la palabra de Dios. Y si no hay profeta alguno que los produzca, será porque Dios no va a enviar ningún tipo de señal.

En el Nuevo Testamento vemos que los milagros tienen un propósito común, similar al del Antiguo Testamento. Lógicamente, la figura de Jesús es aquí central para analizar la cuestión de los milagros, en tanto es una figura que casi sobrepasa la del propio Moisés. Sus señales para probar que él era el profeta prometido inundan las páginas bíblicas y son, como veremos, de muchos tipos, según el propósito que tuvieran.

Antes, es importante remarcar que los milagros, prodigios y señales atribuidos a Jesús e incluso a sus Apóstoles y discípulos que obraban «en su nombre», no pueden separarse del contexto auténtico del Evangelio. En la predicación de los Apóstoles, en la cual principalmente tienen origen los Evangelios, los primeros cristianos oían narrar de labios de testigos oculares los hechos extraordinarios acontecidos en tiempos recientes. Eran, por tanto, tomados en cierta medida como «normales», como un signo de la presencia de Dios en la tierra.

Sin embargo, muchos milagros tienen, en alguna medida, el propósito de mostrar otros aspectos. Uno de ellos está relacionado con la idea de la alianza de Dios con su pueblo. Así, por ejemplo, podemos ver el milagro de la multiplicación de los panes, realizado en los parajes cercanos a Cafarnaum. El evangelista Juan indica que en el discurso que dio Jesús al día siguiente se hablaba sobre la necesidad de procurarse «el alimento que permanece así hasta la vida eterna» mediante la fe «en Aquel que Él ha enviado» (Jn. 6,29). Así, Jesús habla de sí mismo como el pan verdadero. Es el preanuncio de la pasión y muerte salvífica, y también hace referencia a la preparación de la Eucaristía que se instituiría el día antes de su pasión.

Los milagros y los santos

Así como los milagros que se relatan en la Biblia no son puestos en duda por ningún creyente, debemos dejar en claro que no ocurre lo mismo con los milagros modernos. Para empezar, hay muchos sectores que aseguran que los milagros, hoy, no son posibles. Argumentan que en su momento fueron los instrumentos de Dios para «certificar» quiénes eran sus escogidos, pero que ahora esa función ya no tiene sentido, debido a que el Mesías ya llegó. Pero también hay quienes, creyendo en la posibilidad de que todavía en la actualidad se puedan producir, se cuestionan acerca de quiénes y de qué manera son capaces de realizarlos.

Hoy, en la iglesia católica, los principales estudios acerca de los milagros se realizan en función de las canonizaciones. Es decir, cuando a propuesta de una comunidad se estudia la posibilidad de canonizar a un hombre por su fama de santidad o de martirio, el principal fundamento para llevarlo a cabo es la verificación de que esa persona ha obrado milagros por intercesión de Dios.

La historia de las canonizaciones es, en buena medida, la historia de los milagros desde la institución de la iglesia católica. Sabemos que en los primeros siglos bastaba la certeza del martirio para desatar en las comunidades cristianas un movimiento de veneración del mártir. Fue entre los siglos VI y X que aumentó fuertemente la veneración de los santos, una veneración que con frecuencia se fundaba solamente en los relatos de milagros. A partir de entonces, la autoridad eclesiástica comenzó a pensar que era conveniente comenzar a regular un poco la cuestión, de manera de garantizar que el culto a los santos se daba solamente a los que lo merecían.

Por supuesto, el boca a boca siguió siendo el método más usual para que los feligreses rindieran culto a un santo, pero a partir de entonces se añadió como nuevo elemento el juicio del obispo. El sistema, por aquel entonces, todavía era sencillo: al obispo se le leía un relato sobre la historia del santo y sobre sus milagros, y él decidía si le daba el visto bueno.

Sólo en el siglo X se incorporó la opinión del Papa a la hora de tomar decisiones. La canonización papal se hizo cada vez más frecuente, hasta que en el año 1234 se declaró que su palabra era la única autorizada para determinar quién era santo y quién no. Los diferentes papas fueron agregando y cambiando el procedimiento, adaptándolo a los nuevos tiempos, hasta llegar al actual, que es ciertamente bastante más complejo y difícil.

En la actualidad, el primer paso para iniciar un proceso de canonización comienza, cómo no, por la gente que ha recibido un milagro por intercesión de un tercero. Normalmente, cuando después de la muerte de un hombre o mujer se extiende la fama de que es un santo, y hay personas convencidas de que Dios ha actuado por su intermediación, se dirigen al obispo para que éste inicie un proceso (llamado «diocesano» o «de información») para lograr las pruebas necesarias para presentar el caso a estudio.

Las pruebas se componen de las declaraciones de testigos, y suele fundamentarse, en el caso de sanaciones o curas que se suponen milagrosas, todos los documentos médicos de que se disponga. El objetivo es que se pueda verificar que el milagro se ha producido, que se han saltado las leyes de la naturaleza gracias a la actuación de Dios por medio de un hombre. El material recogido es enviado luego a la congregación de ritos, donde el postulador y los abogados lo comprueban detenidamente, y luego pasa a manos de los cardenales y prelados.

De los resultados se informa al Papa, que si cree que puede ser factible, ordena una investigación mucho más profunda.

Excepto en el caso de los mártires, para los que basta haber llevado una determinada conducta de vida y, por tanto, alcanza con una investigación histórica, teológica y jurídica, !a Iglesia exige que se produzca una confirmación por parte de Dios, o sea, un milagro, antes de beatificar o santificar a la persona en cuestión. Y aquí viene la cuestión fundamental: ¿cómo se determina cuándo se produjo un milagro, y cuándo no? En el caso del Vaticano, cuando tiene que realizar una investigación de este tipo, lo que incluye son cuestiones científico-naturales o médicas. En los últimos tiempos, como analizaremos más adelante, los milagros son casi exclusivamente curaciones, por ello ha pasado a tener tanta importancia la investigación médica.

El papel de los médicos

El Vaticano, lógicamente, no está sólo para decidir si un determinado hecho es explicable a través de la ciencia, o si es un milagro. Para ello, existe la llamada «Consulta Médica», compuesta por un grupo de médicos que se dedica a examinar los milagros potenciales. Este equipo no es siempre el mismo: se convocan cinco de entre unos sesenta médicos que viven en Roma y que son eminencias en sus respectivas especialidades. Ellos estudian los casos (que ya han pasado por varias manos), para lo que disponen del historial médico del paciente y también de declaraciones de personas que lo rodearon, como médicos y enfermeras de los hospitales donde fue atendido.

El objetivo es poder evaluar el caso desde sus inicios, para determinar si la curación que se aduce a un santo ha sido milagrosa o no. Es decir, los médicos de la consulta deben determinar cuán extraordinaria es esa recuperación, e investigar si la sanación pudo haberse producido como consecuencia de alguno de los tratamientos aplicados. La cuestión es que la curación, para ser considerada milagrosa, tiene que cumplir algunos requisitos: debe ser completa y duradera (es decir, que no haya recaídas) y, además, tiene que resultar inexplicable según todos los criterios científicos para estudiarlo que haya disponibles hasta el momento. Hay algunas enfermedades que, de partida, se rechazan, como las mentales, porque es muy difícil decidir cuándo hay enfermedad y cuándo se ha producido la curación. También se excluyen algunas que, según se ha demostrado en la práctica, pueden llegar a tener una cura natural. Así, por ejemplo, una curación de un cáncer de células renales o de piel e incluso los mamarios ya no cuentan como milagros.

En su libro *La fabricación de los santos*, Kenneth Woodward señala que la mayoría de los santos canonizados son europeos, y que ello implica que la mayoría de los milagros provenga de Europa. «Hay algo como una sociología de lo milagroso», señala. «Ciertas regiones de Europa muestran una mayor productividad de milagros que otra», añade. Lo que el autor pretende explicar es que en cada país o región, los milagros son observados y tratados de una forma diferente. Así, da como ejemplo el sur Italia, que tiene la reputación de ser un territorio fértil para la proliferación de milagros. «Una razón de ello es que los italianos meridionales tratan a los personajes sagrados como a miembros de la familia: recurren a ellos con sus penas y no tienen reparo en pedir favores divinos cuando un niño está enfermo, un matrimonio tiene problemas o el marido bebe demasiado», explica. Y también arriesga otra explicación: los médicos del sur de Italia creen más fervientemente en los milagros que sus colegas de otros países, y por ello colaboran más en las causas que consideran dignas de ser atendidas por la Iglesia.

En Europa oriental, algunos países de África y de otras zonas del Tercer Mundo, la cuestión de los milagros parece más complicada. Ya sea porque en los países ex comunistas hay rechazo a esta cuestión por parte de los médicos o de los gobiernos, o bien porque no hay medios suficientes a disposición de la ciencia para evaluar los casos, lo cierto es que en estos lugares los milagros no abundan. Todo ello, claro, nos hace pensar en la efectividad de los métodos aplicados por la iglesia para determinar la veracidad de los milagros. Porque pensar que Dios actúa por zonas geográficas sería demasiado arriesgado.

También debemos señalar la diferencia que existe entre épocas. Como decíamos, desde el siglo VI en adelante hubo una proliferación de milagros bastante importante. Incluso después del siglo X, cuando se requirió la aprobación del Papa para determinar quiénes habían actuado como intermediarios de Dios produciendo milagros, se registraban más milagros que ahora. Y la cuestión no decayó hasta varios siglos después. Entonces, ¿qué fue lo que ocurrió? ¿Los europeos de antaño eran más crédulos que los de ahora? ¿Dios actuaba más de lo que lo hace en estos tiempos? Quizá, la respuesta no esté en ese camino. Probablemente, la concepción del milagro que se tenía en otras épocas difiere mucho de la que tenemos hoy.

«Mientras la Iglesia sigue exigiendo milagros como confirmación divina de la santidad de un candidato, el tipo de pruebas requeridas ha cambiado, porque el concepto moderno del milagro, como intervención divina en el decurso normal de los acontecimientos, es más estrecho que la noción primitiva de lo milagroso», asegura Woodward en su libro.

El autor dice que aunque se ha conservado la preferencia por las curaciones, muchos de los milagros que se tomaron por buenos en siglos pasados, hoy serían inaceptables. El problema, entonces, o lo que nos diferencia del pasado, es que hoy existe una gran dependencia de la ciencia para decidir sobre los sucesos que *a priori* parecen inexplicables. Desde el momento en que la mayoría de los milagros que se aceptan son curaciones, parece lógico que sean los médicos quienes determinen su carácter terrenal o divino. Claro que no todos, en la iglesia, están de acuerdo con esta idea. ¿Por qué tiene que ser la ciencia, una disciplina humana, la encargada de determinar si ciertos hechos son voluntad de Dios o no?, se preguntan.

Lo cierto es que la iglesia se encuentra cada vez con más dificultades a la hora de decretar milagros. Es que la ciencia médica, día a día más avanzada, hace que no cualquier curación sea milagrosa. Por ello, tal vez, ya en 1983 se redujo a la mitad el número de milagros requeridos para la beatificación y la canonización (uno para el primero, y uno más para el segundo). Y antes, los papas ya se habían mostrado propensos a canonizar sin necesidad de milagros comprobados. La cuestión, entonces, pasa por decidir si es necesario que haya un milagro para canonizar y, si se acepta esa base, cuál es el método para determinar qué milagro sirve y cuál no.

Por un lado, es comprensible que el requerimiento del milagro para una canonización se siga exigiendo. En realidad, no es más que una señal divina lo que se pide. Por el otro, también cabe preguntarse si esas señales deberían ser milagros en el sentido teológico estricto, o si podrían ser de otra naturaleza. Por ahora, la gran mayoría de los milagros que se aceptan como válidos tienen que ver con alguna curación, es decir, con la medicina. Pero ciertos sectores de la Iglesia critican, de alguna manera, esta orientación tan estricta.

Lo que se plantea, en realidad, es que los milagros médicos son cada vez más difíciles de demostrar, y lo serán aún más en el futuro. En parte, porque cuanto más progresa la medicina, quedan menos cosas inexplicables, y lo que ahora no tiene explicación, quizá sí la tenga algún día. Además, prácticamente nadie pide un milagro de curación y se queda sentando esperando a que ocurra: normalmente, quienes piden un milagro han intentado uno o varios métodos científicos de cura, e incluso luego de pedir el milagro siguen recibiendo tratamiento, con lo que se hace muy difícil atribuir la sanación a un santo y no a un remedio. Por eso, una opción, dicen algunos, es comenzar a buscar milagros físicos de naturaleza no médica. También, plantean, podría ser suficiente para canonizar que el candidato tenga una reputación de santidad comprobable.

Si así fuera, bastaría con que la persona que se va a beatificar haya dado pruebas de martirio, y para investigar eso sólo hacen falta la teología y la historia, y así se podría prescindir de la medicina. Es decir, no sería necesario que Dios confirme, por medio de un milagro, que el candidato es apto para ser beatificado o canonizado. La cuestión, por el momento, está lejos de resolverse.

Capítulo III

CUANDO LA VIRGEN SE APARECE

«El cristianismo es de tres formas. Una es el elemento generador de la religión como alegría propia de toda religión. Otra, la función mediadora como fe en la omnicapacidad de todo lo terreno para ser el vino y el pan de la vida eterna. Y es la fe en Cristo, su madre y los santos. Escojan la que quieran, escojan las tres, es lo mismo, serán cristianos y miembros de una comunidad única, eterna, indeciblemente feliz.»

Friedrich von Hardenberg Novalis, 1772-1801.
Poeta y filósofo alemán.

Los milagros tienen una de sus máximas expresiones en las apariciones de la Virgen. Cuestionadas por muchos, veneradas por otros, estas apariciones están íntimamente relacionadas con el tema que nos ocupa, ya sea porque su aparición misma es considerada como un milagro, como porque suelen venir acompañadas de hechos considerados sobrenaturales, como el manantial que hizo verter la Virgen de Lourdes, que se supone tenía capacidades curativas.

Sea como fuere, en la historia del cristianismo la Virgen María ha jugado un papel esencial, pues desde su primera aparición hasta nuestros días se han registrados apariciones que algunos cuentan por millares. Como para darnos una idea, tenemos que calcular que sólo en el siglo xx se presentaron casi quinientas manifestaciones marianas en cien sitios diferentes. Los números son abrumadores, y las cifras no dejan de crecer en los últimos tiempos.

Las apariciones marianas o apariciones de la Virgen son un fenómeno exclusivo de nuestro contexto judeo-cristiano. No todos se ponen de acuerdo a la hora de datar la primera aparición, pero son muchos los investigadores que coinciden en fecharla en el año 40 d.C., es decir, con la visión protagonizada por el apóstol Santiago en Zaragoza. Algunos consideran que esa no es la primera, porque no se la podría considerar como una aparición en sí, en tanto se calcula que María, la madre de Jesús, aún vivía, y tendría unos cincuenta y cinco o sesenta años. Para ellos, podría tratarse de una bilocación, aunque la mayoría se inclina por considerar ese suceso como la primera aparición mariana. Desde esa aparición de El Pilar, en el mundo cristiano se han dado, según algunos cálculos, unas 21.000 apariciones marianas.

Para aclarar a qué nos estamos refiriendo, nos atendremos a la división que efectúa la Iglesia Católica entre «revelaciones públicas», aquellas que tuvieron lugar hasta la muerte de San Juan, al que se le atribuye el libro del Apocalipsis, y las «revelaciones privadas», es decir, las manifestaciones divinas que han tenido lugar desde entonces hasta nuestros días, a través de santos, profetas, místicos, videntes marianos, etc.

De las visiones marianas debemos decir que casi todas guardan cierta relación con la visión que narra el Apocalipsis (12,1), que dice: «Apareció en el cielo una gran señal: una mujer envuelta en el sol como en un vestido, con la luna bajo sus pies y una corona de doce estrellas en la cabeza». Algo parecido mencionan todos los videntes. Aseguran que vieron a una mujer hermosa, no mayor de veinte años, con un rostro maternal y puro, ya con una leve sonrisa, ya con una mirada triste. También mencionan todos que, a pesar de la luminosidad que desprende, se la puede mirar a la cara sin sufrir ningún daño.

En las apariciones, explican quienes siguen su culto, Dios permite que el cuerpo glorificado de la Virgen se haga visible para una o varias personas. Ello tiene su lógica dentro del pensamiento católico, porque en él se considera que Dios, la Virgen y los santos están siempre entre nosotros y se manifiestan de diferentes formas.

Así, María, por tener un cuerpo que se considera glorioso, puede tomar diferentes características físicas: su edad, estatura, apariencia, forma de hablar o vestuario pueden cambiar según la ocasión en que se presente, incluso tomando los rasgos típicos de cada región. Por ejemplo, en México, se mostró como una princesa azteca: la Virgen se acomoda, según explican, a la cultura y el lenguaje de los videntes. Esta adaptación es considerada por los creyentes como una suerte de adaptación pedagógica de la Virgen que, como madre, busca a sus hijos.

Sus vestimentas cambian de aparición en aparición. En Fátima, por ejemplo, apareció con un traje blanco sujeto por un cordón dorado y un manto bordado en oro; en Lourdes, de blanco con una cinta azul en la cintura; en el convento de las hijas de la caridad en París se dejó ver toda de blanco, y en Guadalupe, la primera aparición aceptada por la iglesia romana, tenía una túnica rosada con un manto azul verdoso.

Otra característica que tienen en común las sucesivas apariciones es que en muchas ocasiones puede presentarse un ángel (de los que hablaremos con detenimiento en otro apartado) para advertir o preparar al vidente para el encuentro. También puede presentarse sola, o bien con el pequeño Jesús en brazos, o también con Juan Bautista o con Juan Evangelista. En la mayoría de los casos, sus apariciones tienen algo de espectacular: llega rodeada de luces, rayos y truenos, olores y música celestial. También, por supuesto, en el momento de la aparición puede hacer algún milagro, como el ya mencionado de Lourdes y el manantial. En Fátima, según cuentan los creyentes, hizo danzar al sol ante la mirada de todos los que se habían congregado para verla.

Cómo son las apariciones

Estas características comunes que han presentado a lo largo de la historia las apariciones marianas han dado lugar a ciertas clasificaciones, que además de ser útiles en el seno de la iglesia para intentar detectar fraudes o apariciones que no pueden «demostrarse», nos permiten estudiarlas con cierta sistematización y, por lo tanto, con mayor claridad.

Dentro de la Iglesia, se destacan varios puntos que pueden facilitar la detección de una aparición auténtica. El primero de ellos está relacionado, lógicamente, con el vidente. Él cumple un papel esencial ya que, excepto casos particulares, es su palabra el único argumento a favor de la aparición de la Virgen. Ésta, aunque en algunos casos parece haber dejado alguna constancia material de su aparición, normalmente sólo se muestra como una imagen incorpórea, que habla a los videntes. Por ello, la solidez del relato del vidente, unida a ciertas características de personalidad, pueden hacer creíble o no una aparición. Si el vidente, por ejemplo, manifiesta problemas mentales o emocionales, seguramente no se dará por verdadera su experiencia.

En general, resultan más creíbles los videntes que evitan enfocar la atención hacia ellos, porque no faltan aquellos que buscan notoriedad, y eso se les nota. «Desde la psicología es relativamente fácil detectar este tipo de comportamientos. El exhibicionismo marcado es un rasgo propio del histérico. Y la personalidad histérica trata de situarse siempre en el primer plano social, movida por una dosis incontrolable de necesidad de estimación», explica Gloria Rosendo, psicóloga.

Algo que caracteriza a la mayoría de los videntes es que, en general, son jóvenes (incluso niños), con poca formación académica. Normalmente, son personas que tienen una marcada fe religiosa (aunque se han dado casos de hombres o mujeres que han visto a la Virgen aunque no decían ser demasiado devotos).

La Virgen, en general, no suele aparecerse en lugares demasiado concurridos, como una ciudad, aunque se han dado casos como la aparición del rostro de la virgen en una estación del metro de México. Normalmente, las apariciones tienden a ocurrir en lugares aislados, silenciosos, parajes o pueblos pequeños. Estos sitios, sin embargo, suelen dejar de ser lugares apacibles en cuanto se propaga la noticia de la aparición, para pasar a ser objetivos de la peregrinación de los fieles.

En cada una de sus visitas, la Virgen no se limita a mostrarse sin más. También da una serie de mensajes orales, que varían según la ocasión, y muchas veces se adaptan al contexto histórico del momento. El mensaje suele exhortar a vivir el Evangelio, al arrepentimiento, a la oración, y pide el aumento de fe, los sacramentos, las obras de piedad y de misericordia. Sin embargo, en muchas ocasiones ha dado mensajes, según el relato de quienes dicen haberla visto, que exhortan a venerarla a través de la construcción de santuarios, por ejemplo, a cambio de poner fin a una epidemia, e incluso ha llegado a anunciar futuros castigos si el mundo no deja de ofender a Dios. Por ello, muchos han puesto en duda tales apariciones, como veremos más adelante.

MISTERIOS DE LA HISTORIA

Antes, es preciso dejar en claro que las apariciones suelen ser mucho más pródigas en devotos cuando traen consigo algún tipo de milagro. Si la aparición se limita simplemente a eso, a mostrarse, es más probable que caiga en el olvido. Si, por el contrario, vienen acompañadas de eventos milagrosos, como curaciones de enfermedades, e incluso por acontecimientos sobrenaturales, como la danza del sol de Fátima, la cosa ya toma otro cariz. Algo similar ocurre cuando personas ateas o de otra religión se convierten al catolicismo tras ver a la Virgen.

Posturas encontradas

La postura de la Iglesia frente a las apariciones de la Virgen en el mundo es, por lo menos, ambigua. Los sectores que apoyan su culto son tan vastos e importantes como quienes no lo hacen. Por eso, las autoridades eclesiásticas han guardado silencio o se han mostrado con cierta cautela frente a la mayoría de los casos. La principal razón es, sin lugar a dudas, la dificultad para dar una sentencia al respecto: recordemos que en el caso de las apariciones, el único testigo válido es quien vio a la Virgen, por lo que es muy difícil comprobar que una aparición se haya producido efectivamente. Los casos que más aceptación han tenido son aquellos en los que se ha verificado algún tipo de milagro, como una curación, ya que en ese caso es más fácil hacer una investigación al respecto.

«En general, los sectores integristas de la Iglesia son los que respaldan, de forma a veces un tanto reaccionaria, las apariciones de la Virgen, ya que pueden resultar útiles para inculcar a través de éstas un catolicismo tradicional, ortodoxo y preconciliar», señala el filósofo Elías Migues.

La controversia surge porque la Iglesia no ha emitido ningún comunicado oficial acerca de estas apariciones: simplemente, se ha limitado a aceptar algunas de ellas a través de ciertos reconocimientos, como la visita papal a sitios donde se venera la aparición de alguna Virgen. El Vaticano, como institución, no ha elaborado ningún informe oficial en el que se asegure que la Virgen ha aparecido en un determinado lugar; ni siquiera Fátima o Lourdes tienen ese privilegio.

De todas maneras, sí es cierto que hay apariciones toleradas al culto. En general, son los obispos los encargados de hacer algún tipo de declaración al respecto, normalmente por medio de la publicación de una pastoral. Y, debido a que las apariciones de la Virgen no son un dogma de fe para los creyentes, es probable que la situación no cambie en un futuro.

El proceso por el que la Iglesia comienza a interesarse por una aparición tiene, como decíamos, un primer eslabón que es el obispo. Cuando la aparición comienza a atraer a muchas personas, él es el encargado de establecer una comisión para que realice una investigación exhaustiva del asunto. Esta comisión, si lo considera, hace su recomendación al obispo, que puede declararse en apoyo de la aparición, diciendo que «no contiene nada contrario a la fe o la moral», o que la aparición «parece ser inspirada sobrenaturalmente» y es «digna de devoción por parte de los fieles». Es decir, la Iglesia elige no manifestarse, al menos con carácter infalible, cuando debe hacer referencia a apariciones o revelaciones privadas.

En varias ocasiones, cuando el fenómeno es masivo y se presupone que puede haber elementos para considerar que determinada aparición es verdadera, el obispo, además de la declaración, puede dar permiso para la celebración de la liturgia. Es decir, se permite celebrar la Santa Misa en el lugar de las apariciones. En muy pocos casos ha ocurrido que, debido a la gran difusión internacional de una aparición, el Papa haga algún tipo de declaración pública al respecto. En ese caso, indica que él mismo tiene una relación favorable con relación a los eventos y al contenido de la aparición. Esto puede darse simplemente como mención, o con una visita del Papa al santuario.

El reconocimiento litúrgico es la máxima instancia a que puede aspirar una aparición. En ese caso, cuenta con la inserción oficial en el calendario litúrgico. Pero no es lo más común: entre las apariciones del siglo XIX, sólo las de La Salette, Rue de Bac y Lourdes alcanzaron este grado. Y entre las del siglo XX, sólo figuran Fátima (1917), Beauraing en Bélgica (1932-1933) y Banneux, también en Bélgica (1933). A pesar de todo, tenemos que tener en cuenta que en la historia de la Iglesia nunca ha habido tantas apariciones aprobadas ni tantos reportes de visiones.

Pero lo cierto es que, en última instancia, la aprobación de la Iglesia nunca es completa, porque siempre se trata de revelaciones privadas, que no pueden comprobarse fehacientemente. El problema es que estas revelaciones privadas no tienen ni más ni menos que el valor del testimonio de la persona que las refiere. Y esa persona nunca es infalible, entonces las cosas que ella atestigua nunca son absolutamente ciertas. El único caso sería, como decíamos, que se haya realizado un milagro en favor de ese testimonio. En una palabra: las revelaciones privadas sólo tienen una autoridad puramente humana y, por lo tanto, sólo probable.

Por eso, la aprobación de la Iglesia no es propiamente tal: significa que se puede creer con fe únicamente humana en las apariciones en cuanto que en ellas no aparece nada contra la fe y las costumbres y consta que son debidas a causas sobrenaturales. Aunque la Iglesia puede avanzar un paso más allá y admitir que se constituya una fiesta litúrgica referida a una determinada aparición, nunca puede terminar de dar el visto bueno.

El problema es que la aprobación, o mejor, permisión de la Iglesia, no garantiza que no se puedan producir eventuales errores. Es habitual observar que en el relato de las personas que vivenciaron una aparición de la Virgen se filtren sus propios pensamientos, incluso formas de hablar de la persona en cuestión. Por lo tanto, no es posible afirmar que lo que ese individuo refiere sea la palabra divina. No es, por así decirlo, un dictado de María a sus fieles, sino una reinterpretación con las propias palabras. Ello significa que no tiene el valor ni el estatus de las Sagradas Escrituras, y no se puede decir que sean palabras de inspiración divina. Por eso, pueden ser útiles para que el creyente sienta un contacto más directo con Dios, pero no son verdades reveladas ni dogmas de fe.

Una década clave

La década de los ochenta del pasado siglo xx fue el «boom» de las apariciones. Durante esos años, y también en la década de los noventa, se multiplicaron como los panes de Jesús. Algunos investigadores sugieren que la crisis de fin de milenio pudo haber influido en que surgieran todo tipo de fenómenos presuntamente celestiales, entre los que tenemos que mencionar, además de las apariciones marianas, los supuestos contactos con extraterrestres o el surgimiento y crecimiento de sectas apocalípticas.

«En períodos inestables, como pueden ser guerras, epidemias, hambrunas, es normal que se incrementen estos casos. Son situaciones de crisis colectiva, en las que para cualquiera se hace necesaria la aparición de una figura superior, celestial, que pueda proveerle cierta paz interior, una tranquilidad», señala el sociólogo Damián Castro. Fátima, por ejemplo, surgió durante un gobierno republicano y, por tanto, anticlerical. Algo similar podemos señalar con respecto a las apariciones de Medjugorje en la Yugoslavia que todavía estaba en guerra.

De todas formas, más allá de las interpretaciones que se puedan hacer del aumento de las apariciones en las últimas dos décadas, muchos jerarcas de la Iglesia se muestran reacios a admitir que fuera de la influencia del clero se produzcan este tipo de demostraciones de fe. Además, son una buena proporción los que consideran que no se le debería dar tanta relevancia a las llamadas «revelaciones privadas». Para ello, se basan en la lectura de los Evangelios: la Iglesia católica aclara que la «revelación divina» terminó con la venida del Mesías a la tierra (Heb. 1,1-2), cuyo mensaje quedó concluido con la muerte de Juan, el último de los Apóstoles, en el año 102 d.C. (1 Jn. 1,1-3).

Además, en las mismas Escrituras figuran varios pasajes en los que se advierte sobre los peligros de creer en determinadas cuestiones. Así, podemos leer: «Carísimos, no creáis a todo espíritu, sino poned a prueba los espíritus si son de Dios; porque muchos falsos profetas han salido al mundo» (I Jn, 4,1). O también: «Si entonces os dicen: "Ved al Cristo, está aquí o allá", no lo creáis. Porque surgirán falsos cristos y falsos profetas, y harán cosas estupendas y prodigiosas hasta el punto de desviar si fuera posible, aún a los elegidos. Mirad que os lo he predicho» (Mt. 24, 23-25).

De todas formas, aún quienes ponen en perspectiva la cuestión de las apariciones, tampoco se animan a descartar por completo la posibilidad de que existan. En general, dentro de la misma Iglesia, se intenta no confrontar con respecto a este tema, y se llama a los fieles a no permanecer indiferentes a las posibles manifestaciones divinas. El argumento es que nadie puede *a priori* descartar nada que pueda provenir de Dios, y consideran que incluso puede ser útil para el fortalecimiento de la fe o de la vida espiritual, y también para confirmar su dogma y acercarse a la iglesia.

Una cuestión fundamental, relacionada con esta cuestión, es que los cristianos no católicos, es decir, de confesión protestante (como los fundamentalistas, evangélicos, presbiterianos, etc.) consideran que estas supuestas apariciones de la Virgen no son tales, sino todo lo contrario. Creen que es el Diablo quien se encuentra detrás de estos portentos sobrenaturales. Ellos presentan dos citas bíblicas atribuidas a San Pablo en las que fundamentan esta idea. Por un lado, en II Cor. 11, 14 leemos: «...Pues también Satanás se disfraza de ángel de la luz». Y también: «La venida del impío, en razón de la actividad de Satanás, irá acompañada de toda suerte de prodigios, señales y portentos engañosos» (II Tes. 2, 9).

Los mensajes, motivo de controversia

Así como hay muchos que escuchan con atención las frases que repiten quienes vieron a la Virgen, y las consideran como la palabra de Dios y, por tanto, venerables, hay otros que ponen en cuestión sus dichos. Como decíamos, cada frase de la Virgen está tamizada por los preconceptos del que la escucha, por lo que es muy difícil, en ocasiones, separar lo que realmente pudo haber oído de lo que es cosecha propia del vidente. De todas maneras, son muchos los que han estudiado el conjunto de las supuestas frases de la Virgen, y han llegado a algunas conclusiones poco alentadoras. Señalan que en muchas de ellas hay contradicciones entre sí, o bien con los Evangelios. Y que en algunos casos, por aquello de que la aparición se adapta al momento, se ve un mensaje político o que favorece a determinado sector de la Iglesia. Señalan, otra vez, a la aparición de Medjugorje (ex Yugoslavia) porque allí se montó un culto a la Virgen cuando todavía existía un régimen comunista, el que sin embargo toleró que los seis jóvenes videntes siguieran propagando lo que habían visto. Observan, entonces, que estas apariciones eran una buena fuente de ingresos (más allá de que fueran verdaderas o no) gracias a las visitas de decenas de miles de peregrinos durante años.

Además, después de tantas apariciones de la Virgen, son muchos los que se preguntan por qué sigue repitiendo mensajes similares una y otra vez, a diferentes personas en sitios no siempre lejanos. Quienes no terminan de creer en las apariciones marianas observan también que a través de los mensajes en que pide la construcción de una capilla o un altar en su honor, puede estar en parte fomentando la idolatría, algo condenado explícitamente en las Escrituras.

Por otro lado, una de las causas de sospecha que recaen sobre las apariciones de la Virgen tienen que ver con que en muchas ocasiones parece montarse tras el suceso un cierto operativo económico, realizado bien por la gente del lugar, bien por los mismos familiares del vidente. Normalmente, se trata de recaudación de donativos, cuentas corrientes en las que el devoto puede depositar su contribución, venta de artículos religiosos litúrgicos, o bien de vídeos, libros o fotos, excursiones organizadas para visitar el santuario de la Virgen, etc. Los críticos de que se siga dando importancia a estas apariciones no siempre ponen en entredicho la cuestión de la aparición en sí, ya que muchos son creyentes y piensan que es posible una revelación divina. Lo que rechazan es que se fomente el surgimiento de tantos videntes y, sobre todo, que se permita que alrededor del hecho se monte una suerte de espectáculo lucrativo.

Las apariciones marianas más famosas

Es cierto que hay mucho escepticismo alrededor de las apariciones marianas, pero no es menos verdadero que son millones las personas que experimentan el contacto con la Virgen con sólo acercarse a los sitios donde apareció. Y para ellos, no hay nada más verdadero que una aparición. Ello, además, les ayuda a incrementar su fe y su acercamiento a Dios. Entre otras cosas, quien se acerca a la Virgen puede pedir aquello que necesita, como la curación para sí mismo o para un ser querido, por ejemplo. Y en muchos casos, los reportes indican que la Virgen intercedió en su favor, concediéndole su súplica. Por ello, el fenómeno marianista no puede ser tachado de fraude con ligereza, al menos sin antes estudiar sus particularidades.

Apariciones marianas hay desde poco después de la muerte de Jesús. Sin embargo, ha habido períodos en que se hicieron más frecuentes. El siglo XIX fue muy pródigo en apariciones, especialmente en Francia, relacionadas probablemente con los sucesos revolucionarios de fines del siglo anterior, que llevaron a una caída importante de la fe cristiana en ese país. El siglo XIX fue, según palabras de Pío XII, «el siglo de oro de María», y según Juan XXIII, la «era mariana». En Francia, en ese momento, se produjeron las cuatro grandes apariciones marianas aceptadas por la iglesia. Y, aunque los mensajes volcados en el curso de las apariciones fueron muy distintos, en realidad, lo que hacen es preparar el camino para una de las grandes apariciones del siglo XX: la de Fátima.

Si bien el tema de las apariciones marianas excede el alcance de esta obra, intentaremos dar un repaso por los acontecimientos más importantes de este culto, para acercarnos de una manera directa al fenómeno. Así, presentaremos las más importantes que ocurrieron tanto en Europa como en el centro y el sur de América. Por supuesto, no pretende ser un compendio exhaustivo de las apariciones de la Virgen, sino simplemente un muestrario que dé cuenta de la forma en que se produjeron algunas de las más significativas o de las que hoy día tienen más seguidores en el mundo.

La Virgen de la Medalla Milagrosa

La rue du Bac es una céntrica pero discreta calle de París, situada en los límites del barrio de Saint Germain. Allí estuvo el convento de las Hermanas de la Caridad en la que una novicia, Catherine Labourdé, esperaba para realizar sus votos. Apenas era una adolescente cuando en la medianoche del 18 de julio de 1830, oyó la voz de un niño que la llamaba. La misteriosa voz la arrastró a la capilla. Allí tuvo su visión de la Virgen. Esa primera aparición supone también el primer mensaje apocalíptico de la Virgen: «La Cruz será despreciada, la sangre correrá por las calles y el mundo entero estará invadido por la tristeza». Una semana después se produjo la segunda aparición. El 27 de noviembre de 1830 la Virgen venía vestida de blanco. Junto a ella había un globo de luz sobre el cual estaba la cruz, y de sus dedos salían rayos luminosos hacia la tierra. María Santísima dijo entonces a Sor Catalina: «Este globo que has visto es el mundo entero donde viven mis hijos. Estos rayos luminosos son las gracias y bendiciones que yo expando sobre todos aquellos que me invocan como Madre. Me siento tan contenta al poder ayudar a los hijos que me imploran protección. ¡Pero hay tantos que no me invocan jamás! Y muchos de estos rayos preciosos quedan perdidos, porque pocas veces me rezan».

Entonces, según el relato de Catherine, alrededor de la cabeza de la Virgen se formó un círculo o una aureola con estas palabras: «Oh María sin pecado concebida, ruega por nosotros que recurrimos a Ti». Ese es el origen de la Medalla Milagrosa, que el Arzobispo de París permitió fabricar tal cual había aparecido en la visión, y que luego produjo numerosos milagros a quienes la llevaban, según la tradición.

En cuanto a Catherine fue, finalmente, beatificada en el reinado de Pío XI y posteriormente canonizada por Pío XII.

Esta primera aparición mariana contiene todas las características que luego se van a desarrollar en las siguientes. Es una muchacha —una novicia— quien ve a la Virgen. El mensaje de la Virgen tiene dos fases; en la primera se anuncian catástrofes; en la segunda se prescribe el remedio, la utilización de un talismán, la «Medalla Milagrosa». Este mismo esquema, mucho más radicalizado, lo vamos a encontrar en las apariciones siguientes.

La Virgen de La Salette

En este nuevo ciclo aparicionista ocurre algo nuevo, pero que marcará con su sello a episodios posteriores: la Virgen comunicará, nuevamente, a dos niños, la responsabilidad del Clero en la crisis de la Iglesia y de la Fe. Es, en buena medida, un preludio de lo que dirá la Virgen en su aparición en Fátima.

La protagonista de esta aparición es Melania Calvat, que tenía catorce años cuando vio a la Virgen. El día anterior a la aparición, el 18 de septiembre de 1846, Melania había llevado a las vacas a pastar por los prados de las laderas de los Alpes. Un niño de once años, hasta entonces desconocido para ella, Maximino, se empeñó en acompañarla. Se trataba de dos pastores que ni siquiera hablaban francés sino un dialecto local, eran completamente iletrados y no habían salido jamás de su pueblo, Corps, y, tal como Melania muestra en su relato, más que religiosa, ella tenía algunos rasgos supersticiosos. En esa víspera, en un prado cercano, tuvieron la visión. «Vi una hermosa luz, más brillante que el sol, y apenas pude decir estas palabras

"Maximino, ¿ves allá? ¡Ah! Dios mío", contó. "Miraba esa luz que era inmóvil y como fuera abierta percibí otra luz mucho más brillante que se movía y en esta luz, vi una hermosísima Señora sentada sobre nuestro "Paraíso" (un montículo de piedras que habían construido los niños), teniendo la cabeza entre Sus manos».

La descripción que hizo Melania de la Virgen es muy similar a la que harán casi todos los que la vieron. Dijo que era bastante alta y muy bien proporcionada; que parecía liviana aunque estaba inmóvil y muy solemne. También aseguró que atraía a uno hacia sí, con una mirada dulce y penetrante. La vestimenta de la Virgen, según contó, era plateada y brillante, y en ella no había nada material.

Pero el mensaje apocalíptico no tenía precedentes. «Todo lo que sembréis y los animales, lo comerán, y lo que vendrá, se volverá polvo cuando lo trillen. Antes que venga el hambre, los niñitos menores de siete años se atemorizarán y morirán en brazos de las personas que los cuidan; y los demás harán penitencia por el hambre. Las nueces se dañarán y las uvas se pudrirán», decía.

Y cargaba contra el clero eclesiástico: «Los sacerdotes, ministros de mi Hijo, por su mala vida, por sus irreverencias y su impiedad al celebrar los santos misterios, por amor al dinero, a los honores y a los placeres, se han vuelto cloacas de impureza. Sí, los sacerdotes piden venganza, y la venganza está suspendida sobre sus cabezas».

El largo mensaje preveía para 1864 el desencadenamiento de Lucifer y un gran número de demonios. «El demonio utilizará toda su malicia para introducir en las órdenes religiosas personas entregadas al pecado, pues los desórdenes y el amor a los placeres carnales reinarán sobre la tierra». Y agregaba: «Se abolirán los poderes civiles y eclesiásticos; todo orden y justicia serán pisoteados;

no se verá más que homicidios, odio, envidia, mentira y discordia, sin amor por la patria ni por la familia».

También preveía para Francia, Italia y España crueles guerras civiles, seguidas de más guerras, epidemia y hambre universal. El cuadro apocalíptico no podía sino concluir con la llegada del Anticristo: «Será en este tiempo que nacerá el Anticristo de una religiosa judía; de una virgen falsa, que estará en consorcio con la antigua serpiente, el maestro de impureza (...) será el diablo encarnado».

Nuestra Señora de Lourdes

Tiene su origen en la villa francesa de Lourdes, a orillas del río Gave, cuando a una niña llamada Bernadette (Bernardita) Soubirous, se le apareció, el 11 de febrero de 1858, una resplandeciente figura que la llamaba. Sorprendida, se arrodilló y comenzó a rezar pues no alcanzaba a comprender lo que había visto. La figura desapareció, para aparecer nuevamente a los pocos días. Hubo dieciocho apariciones entre el 11 de febrero y el 16 de julio de 1858.

Esta vez, a diferencia de lo ocurrido en La Salette, todas las apariciones se caracterizaron por la sobriedad de las palabras de la Virgen, y por la promesa de la felicidad. Esta vez, no hubo ningún ataque al clero, y tampoco se trataba de profecías apocalípticas, sino de un mensaje de sanación, fundamentalmente corporal. Esa es la otra característica que la distingue: la aparición de una fuente de agua junto al lugar de las apariciones, que desde entonces es un sitio de referencia de innumerables milagros que incluso han sido investigados por comisiones de médicos encomendados por el Vaticano. Según cuenta la tradición, en la novena aparición, la Virgen le ordenó a Bernadette que excavara con sus propias manos entre la arena de la cueva. De allí surgió un manantial de agua fresca, que poco después se convirtió en una cascada que aún mana. Era el 25 de febrero de 1853.

Aunque fue tomada con incredulidad por el clero en los primeros momentos, la manifestación fue recibiendo con el tiempo una acogida cada vez más favorable, hasta que los pontífices han dado muestra de devoción a la Inmaculada de Lourdes y han privilegiado su Basílica.

La Virgen se presenta como la Inmaculada Concepción, la llena de gracia; llama a la oración; invita a la conversión y a la penitencia; pide que edifiquen una capilla y que vayan en procesión. Por ello, en 1876 se edifico allí la actual Basílica. Bernadette fue canonizada por el Papa Pío XI el 8 de diciembre de 1933.

La Virgen de Fátima

La devoción de la Virgen de Fátima tiene su origen en las apariciones de la Virgen a tres pastorcitos en Cova de Iria, cerca de Fátima (Portugal): Lucía, Jacinta y Francisco, todos nacidos y criados en Aljustrel.

La primera aparición sucedió el 13 de mayo de 1917. Se les apareció sobre una encina prometiéndoles hacerlo siempre allí cada día 13 de los meses siguientes, hasta octubre. Les pidió que rezaran por la paz en el mundo (tengamos en cuenta que hacía tres años había comenzado la Primera Guerra Mundial). En todas las apariciones la virgen solicita a los pastorcitos el rezo del rosario y la reparación de los pecados cometidos contra Dios y contra el Inmaculado Corazón de María.

Una de las características de las apariciones de la Virgen de Fátima son los hechos sobrenaturales que acompañaron cada llegada. La danza del sol y la lluvia que no mojaba son los dos grandes prodigios que miles de personas dicen haber presenciado. La otra peculiaridad es que la Virgen reveló un secreto que constaba de tres partes, y que les dio una fecha a los niños para que los revelaran. Contra los deseos de la Virgen, la tercera parte de ese secreto se reveló mucho tiempo después, en el año 2000, lo cual trajo infinidad de especulaciones que, finalmente, resultaron vanas, ya que no había en ella nada nuevo.

Hoy las apariciones de Fátima son las que gozan de mayor prestigio dentro de la Iglesia católica, aunque desde algunos sectores de la propia Iglesia se ha cuestionado parte del mensaje. Prácticamente todos los papas que han reinado en Roma desde 1917 han tenido alguna relación con Fátima, incluso Juan Pablo II.

Virgen de Guadalupe

La aparición de la Virgen de Guadalupe se remonta a los tiempos de la conquista de América, en los territorios de México, a manos de Hernán Cortés. La Virgen se le presentó en el año 1531 al recién convertido indio Juan Diego *Cuauhtlatoatzin* (El águila que habla), en el cerro del Tepeyac. La tradición dice que lo saludó en su lengua nativa, el náhuatl, y que se llamó a sí misma con el nombre de *Coatlaxopeuh*, que significa «aquella que pisa la serpiente».

La historia dice que le indicó que debía construirse un templo en su honor, para lo que el indio debía hablar con fray Juan de Zumárraga, primer obispo de México. Éste no le creyó y lo mandó a pedirle a la Virgen una señal divina. Ella accedió y, tras varias apariciones para resolver la cuestión, le indicó que volviera a verla al día siguiente. Pero ese día el tío de Juan Diego, Juan Bernardino, enfermó gravemente a causa de la peste, y esto impidió a Juan Diego presentarse ante la Virgen. Esa misma noche empeoró el estado de Juan Bernardino, por lo que Juan Diego tuvo que ir a la ciudad de México en busca de un sacerdote.

Transcurrían las primeras horas del 12 de diciembre cuando, en su camino a la ciudad, Juan Diego pasó a la altura del Tepeyac, la Virgen se apareció y le dijo a Juan Diego que no debía temer más por la salud de su tío. Le pidió que subiera a la cumbre del Tepeyac, en donde encontraría unas rosas de Castilla —que no florecían en el cerro— las que serían la señal que debía entregar al obispo.

Mientras Juan Diego se dirigía a casa del obispo, la Virgen se apareció ante el moribundo Juan Bernardino y lo sanó. Hacia el mediodía de aquel 12 de diciembre Juan Diego le dijo al obispo que le había traído la señal que le había pedido. Entonces desenvolvió su manta y las rosas de Castilla cayeron al suelo, y en la manta apareció la imagen de la Virgen de Guadalupe.

Fue proclamada patrona de México en 1754 y coronada el 12 de octubre de 1895 por orden de León XIII. En 1910 San Pío X la proclamó patrona de Latinoamérica.

Si bien las precedentes son algunas de las más importantes apariciones de la Virgen, no podemos dejar de mencionar otras que han calado hondo en el sentir cristiano, y que hoy día gozan de muchos adeptos que le piden que interceda por ellos.

Nuestra Señora de Aranzazu

Tiene su origen en el año 1469 cuando un pastor, Rodrigo de Balzategui, en Villa Oñate, provincia de Guipúzcoa, España, encontró una imagen de la Virgen María con el Hijo en sus brazos.

Su nombre responde a que el pastor al encontrarse con la imagen en aquel lugar, exclamó: *Arantzan zu*! Que significa en vasco ¡Tú en el espino!

Virgen de Begoña

Es la Virgen de los marinos y pescadores, que piden su amparo en los momentos de peligro. Su culto se originó en la provincia de Bilbao (España) a cuyo santuario se le llamó «sagrario del Señorío de Vizcaya».

Nuestra Señora de Copacabana

Es la patrona de Bolivia y su origen se remonta a una talla muy modesta, realizada por un indio llamado Francisco Tito Yupanqui, cerca del año 1583. Desde un principio la imagen cobró fama de ser milagrosa, lo cual se extendió por toda la comarca, el Virreinato y el Continente entero. Los Padres Agustinos construyeron la primera Capilla Mayor entre 1614 y 1618. El Virrey de Lima, Conde de Lemos, apoyó moral y materialmente la construcción de la actual Basílica desde 1668.

Cuando se fundó la República, en 1825, existía una permanente presencia de la Virgen de la Candelaria en la fe del pueblo cristiano. En 1826 el Presidente de Bolivia, Mariscal José Antonio de Sucre, expropió todas las joyas coloniales del tesoro del Santuario de la Virgen para fundirlas en las primeras monedas de oro y plata de la República. El 1 de agosto de 1925, año del primer Centenario de la República, la Virgen de Copacabana fue coronada como Reina de Bolivia.

Nuestra Señora de la Esperanza (la Macarena)

Tiene su origen en Sevilla (España). El título de esta advocación popular le viene porque el templo donde se rinde veneración está junto al famoso arco Macarena, que era una puerta de la muralla que en el siglo XVII cercaba la ciudad. En el año 1870 se destruyó parte de esa muralla, pero esa puerta quedó intacta, y desde entonces se le rinde culto. La coronación canónica de la Virgen tuvo lugar en 1964.

Nuestra Señora del Huerto

En 1943 se desató en la ciudad de Génova una gravísima epidemia de cólera, que llegó a la ciudad de Chiávari. María Truquina, una piadosa mujer, con mucha esperanza y fe, prometió a la Virgen una señal de público reconocimiento si resultaba inmune a la epidemia. El milagro de la Virgen se cumplió y, como reconocimiento, la mujer encargó que se pintara una imagen de la Virgen con el Niño en brazos. El lugar donde se pintó fue el muro del huerto, y de ahí viene su nombre. Chiávari se convirtió en un centro de peregrinación y allí sucede el segundo milagro: con el paso de los años, el muro comienza a deteriorarse, hasta que aparece una fisura. Esa fisura se repara presuntamente sola en su totalidad.

Virgen de Luján

En 1630, Antonio Farías de Sáa, un portugués residente en Argentina, pidió a un amigo que le enviase desde Brasil una imagen de la Purísima y Limpia Concepción de María, para entronizarla en la capilla de su estancia.

El amigo cumplió el encargo y mandó dos imágenes: una de la Inmaculada y otra de la Madre de Dios. La carreta que las transportaba acampó después de dos días de marcha, cerca del río Luján, al norte de la actual ciudad de Pilar. A la mañana siguiente, al querer reanudar la marcha, los bueyes no fueron capaces de poner en movimiento la carreta, a pesar de los esfuerzos. Los bueyes sólo pudieron avanzar cuando fue quitada una de las cajas que contenía una de las Vírgenes de la carreta. Al abrirla descubrieron la imagen de la Purísima y Limpia Concepción de María.

Los viajeros percibieron que era una señal del cielo, y acataron la voluntad de la Virgen de ser venerada en ese lugar. Al enterarse del milagroso suceso muchos fueron los que acudieron a venerar la imagen. En el año 1674, la señora Ana de Matos, viuda de Siqueyras, trasladó la imagen a su estancia y poco después donó el dinero para la construcción de un templo. Alrededor del santuario comenzaron a edificarse casas, y surgió así el «Pueblo de Nuestra Señora de Luján». En 1730 fue declarada parroquia.

Nuestra Señora del Pilar

La Santísima Virgen del Pilar de Zaragoza, patrona de España y de la Hispanidad, tiene el honor de ser la primera de las apariciones marianas de la historia. De acuerdo con la tradición, el día 2 de enero del año 40 d.C., la Virgen se apareció en carne mortal al apóstol Santiago y a un grupo de convertidos que se hallaban orando a orillas del Ebro. Ahí les manifestó su deseo de que se le diese culto para siempre en aquel lugar. Santiago y sus compañeros construyeron una capilla. Ese es, entonces, el primer templo construido en honor de la Virgen María.

Esta aparición, sin embargo, para muchos no es tal, debido a que todavía no había muerto, por lo que, en todo caso, podría haberse tratado de un caso de bilocación. Sea como fuere, se sigue rindiendo culto en ese lugar.

Nuestra Señora del Rosario de San Nicolás

Desde los orígenes de la creación de la Parroquia en la ciudad de San Nicolás de los Arroyos, provincia de Buenos Aires, en Argentina, existió una profunda devoción a la Santísima Virgen, honrada bajo la advocación de Nuestra Señora del Rosario, siendo ella la primera patrona del Curato de los Arroyos.

En 1884 se inauguró el actual templo de San Nicolás de Bari, que albergaría una imagen de la Virgen del Rosario, bendecida por el Papa León XIII, que había sido traída desde Roma. Con el tiempo se deterioró y fue depositada en el campanario. En septiembre de 1983 la señora Gladys Herminia Quiroga de Motta, mientras rezaba el rosario en su casa, comenzó a ver cómo su rosario desprendía una luz. Estos hechos se repitieron durante algunos días hasta que el 25 de septiembre se apareció la Virgen. Más adelante Gladys reconocería que la Virgen aparecía de la misma manera que aquella imagen que se encontraba guardada en el campanario. Se construyó un templo en su honor, tal como solicitó. Desde entonces, 1989, se han documentado unos 1.800 mensajes, que en general exhortan a la oración.

Virgen de Medjugorje

El 24 de junio de 1981, en un pequeño pueblo de la ex Yugoslavia que actualmente pertenece al estado independiente de Bosnia-Herzegovina, llamado Medjugorje, la Virgen María se apareció a seis jóvenes lugareños. Dejó mensajes al mundo, y lo siguió haciendo durante años, los días 25 de cada mes. Como ya mencionáramos, es una de las apariciones más controvertidas.

Capítulo IV
LAS OTRAS MANIFESTACIONES DIVINAS

> «Muchos son los buenos, si se da crédito a los testigos; pocos, si se toma declaración a su conciencia.»
>
> Francisco de Quevedo y Villegas, 1580-1645.
> Escritor español.

> «El hombre puede creer en lo imposible, pero no creerá nunca en lo improbable.»
>
> Óscar Wilde, 1854-1900.
> Dramaturgo y novelista irlandés.

Cuando la Virgen se aparece, todos tienen una opinión al respecto. Están los que sienten que su fe se renueva, los que creen que todo se trata de una farsa, y también los que hacen una lectura que excede largamente la clásica visión judeo-cristiana. Son los que relacionan los hechos sobrenaturales asociados a la Virgen con fenómenos de la ufología o la parapsicología.

Las apariciones marianas han dado para todo tipo de interpretaciones, algunas más atendibles que otras. En general, lo que marcan quienes estudian los fenómenos OVNI, son las similitudes que existen entre los relatos de quienes dicen haber visto a la Virgen, y los de quienes creen haber tomado contacto con seres extraterrestres. Así, establecen un paralelo o analogía entre ambos fenómenos, de manera que arriban a la conclusión de que es probable que las apariciones marianas sean, en realidad, contactos con seres de otros mundos.

La descripción de ambos sucesos, es innegable, tiene muchos puntos en común. «En las apariciones que considera la Iglesia, normalmente la Virgen o los ángeles se presentan de manera espontánea a una o más personas, con las que toman contacto bajo la forma de un objeto, entidad u agente no identificado, y que presentan como principal característica una extraordinaria luminosidad», señala la escritora Zöe Nin, especializada en temáticas insólitas.

Sabemos que las apariciones marianas son conocidas en el mundo occidental desde los primeros siglos del cristianismo, aunque tuvieron un primer auge a partir de la Edad Media (siglo XII). Florecieron en Europa, pero se trasladaron rápidamente también al continente americano a partir de la conquista. Como decíamos anteriormente, las apariciones marianas se suelen manifestar de forma individual o colectiva en niños pequeños, en muchos casos semianalfabetos (predominan los pastores), que habitan en regiones aisladas y poco desarrolladas, así como entre hombres y mujeres adultos, especialmente en monjas.

«La opinión generalizada indica que estas visiones tienen un origen interior, es decir, que se trata de alucinaciones, psicosis colectiva, etc. Pero personalmente creo que las apariciones están motivadas por una causa exterior a los videntes, independiente de ellos mismos y mostrando todos los atributos ontológicos de la realidad», indica José Luis Badía, experto en ufología. El investigador señala que la entidad normalmente manifiesta cualidades de cuerpo perceptible a los sentidos, forma parecida a la humana (aunque con una belleza superior), inteligencia, conciencia, movimiento, mirada, voz y lenguaje adaptable a la situación. La característica de estos agentes es que pueden ir de un lado al otro, dar mensajes, emitir órdenes, etc. Es decir, tienen un comportamiento que podemos identificar con lo humano.

Así como la aparición suele estar marcada por un figura luminosa, también es necesario señalar que en general viene acompañada de «prodigios» paranormales, como la curación instantánea de males corporales, brote de manantiales en terrenos áridos, extraños fenómenos luminosos en el cielo, etc.

Todos estos datos, y otros que iremos viendo a lo largo de este capítulo, son los que toman los ufólogos para refrendar sus hipótesis de la conexión entre el fenómeno OVNI y las apariciones marianas. En principio, ellos consideran que estas entidades no son más que lo que en el argot ufológico se conoce como humanoides.

Así, señalan que estas apariciones (o contactos) se caracterizan por la paralización física del testigo, que no experimenta temor. «Ello nos hace pensar en una suerte de neutralización, tanto física como del estado emocional de quien lo experimenta», plantea Badía.

Por otra parte, aseguran que lo que los testigos suelen ver no siempre es relacionado con la Virgen en el mismo momento en que sucede, sino que normalmente es una reconstrucción posterior, ya sea de la propia persona como de quienes escuchan su relato. Es decir, lo que suelen ver quienes reciben la «visita» de una Virgen o un ente es un ser luminoso, pero que no se identifica a sí mismo con el nombre de María, la madre de Jesús o algo similar. Por eso, los ufólogos interpretan que adjudicar estas apariciones a la Virgen sin más es un error o, mejor dicho, una conclusión del propio vidente.

«Detrás del símbolo "Virgen" puede subyacer otra cosa. Como un ser extraterrestre, una fuente de inteligencia allende nuestro planeta que usa ese "disfraz" para adaptarse al marco cultural dentro del cual espera manifestarse y hacerse comprensible. Que una campesina esté segura de que la Virgen le ha hablado nada demuestra: la percepción siempre deforma la realidad. Creer que es lo que dice ser es, cuanto menos, un acto de ingenuidad», señala Badía. Y se pregunta por qué la Virgen sólo se aparece a quienes ya creen en ella, personas que, en ocasiones, no son tan espirituales como para recibir un premio especial por su conducta. «Si el ser superior o la inteligencia se manifestara de una manera que no se espera, no sólo no sería comprendido su mensaje, sino también sería susceptible de ser asimilada como una manifestación demoníaca. A fin de cuentas, es natural en el ser humano temer lo que desconoce. Casi todos los ufólogos estamos seguros de que el fenómeno elige a sus testigos, por lo menos, en muchas ocasiones. ¿Por qué no iba, entonces, a elegir también previamente el guardarropas que habría de usar para la ocasión?», se cuestiona.

La Virgen de Fátima y los ovnis

Cuando a un ufólogo se le pregunta acerca de la relación entre los ovnis y la Virgen, es casi imposible que no responda citando el ejemplo de las apariciones de la Virgen de Fátima. Ésta es, sin dudas, la que mejor les permite explicar sus hipótesis. La forma en que se presentó, los relatos de los niños que la vieron y, sobre todo, la famosa «danza del sol», son los elementos que más utilizan para dar sustento a su hipótesis de que, más que de una aparición de la Virgen, se trató de un contacto extraterrestre.

Como explicábamos en el capítulo anterior, la aparición de la Virgen en Fátima, un paraje del distrito de Leiria, unos cien kilómetros al norte de Lisboa, en Portugal, se produjo en 1917. En realidad, fueron varias apariciones, que tuvie-

LOS MILAGROS

ron lugar del 13 de mayo al 13 de octubre de ese año, todos los días 13, salvo en una ocasión.

«Fueron cinco encuentros cercanos del tercer tipo y un encuentro cercano del segundo tipo, con efectos físicos sobre el entorno y los testigos. Los testigos del tercer tipo fueron tres pastorcitos. El quinto encuentro tuvo varios cientos de testigos. La sexta y última, llamada «danza del sol», fue presenciada por unas cincuenta mil o setenta mil personas. Fue el OVNI que mayor cantidad de gente vio hasta el día de hoy», arriesga el experto en ufología José Luis Badía.

Lo que este ufólogo sugiere es que, debido a que las visiones ocurrieron en una zona pauperizada de Portugal, entre campesinos iletrados, era natural que recibiesen o dieran una explicación religiosa a la cuestión. Según este investigador, era casi imposible que lo interpretaran como un acercamiento extraterrestre, en tanto no estaban familiarizados con la cuestión, mientras que seguramente estaban en contacto con la religiosidad y la beatería.

«Así como en ese momento interpretaron lo que habían visto como la aparición de la Virgen María, quizá dos mil años antes hubiera podido interpretarse como el descenso de los dioses a la tierra. En ambos casos se habría tratado de visitas de seres extraterrestres, que son seres reales y no tienen nada de divino ni de milagroso», polemiza José Luis Badía. Lo que quiere indicar es que los mismos hechos son susceptibles de ser interpretados de diferentes formas. Lo que diferencia a una explicación de otra es la época en que es formulada y, en definitiva, el trasfondo cultural de quien la realiza.

De las seis apariciones los ufólogos extraen elementos que avalen su teoría. De la cuarta, por ejemplo, afirman que muchos testigos vieron la nave en que la presunta Virgen se acercaba a la cita. Esta nave, dicen, era una especie de aeroplano de luz, un globo inmenso, que se movía lentamente hacia occidente a través del espacio. De allí habría salido un ser blanco, mientras el globo desaparecía en dirección al sol.

Otro de los milagros que mencionan es el que los testigos describieron como una lluvia de flores blancas o copos de nieve que desaparecían antes de llegar al suelo. Los ufólogos lo interpretan como la caída de los llamados cabellos de ángel, un tema muy recurrente en las observaciones de ovnis.

Pero el mayor portento fue, sin dudas, la «danza del sol». Ocurrió el 13 de octubre de 1917 y fue presenciado por miles de testigos, alertados por los pastorcillos, que habían recibido de la Virgen la promesa de que ese día ocurriría un milagro. A las once de la mañana se habían congregado todos en el anfiteatro natural de Cova da Iria. Una hora más tarde se inició el llamado prodigio solar: el sol brilló entre las nubes, aunque llovía en esos momentos, e inició su danza. Los testigos lo describieron como un disco nítido, que de repente comenzó a moverse vertiginosamente. Cuentan que giraba sobre sí mismo a una velocidad arrolladora, hasta que se desprendió del firmamento y, con un color rojizo, avanzó hacia la tierra como una mole de fuego, hasta detenerse sobre las cabezas de quienes estaban allí.

Desde lugares situados en un radio de varios kilómetros en torno a Fátima, se observó también la «danza del sol». Pero los observatorios astronómicos del hemisferio iluminado no reportaron aquel día nada anormal, ni en los cielos ni en el sol. «Esto significa que se trató de un fenómeno local, un fenómeno que se desarrolló a muy baja altura (probablemente a unos cientos de metros), y que estaba dirigido únicamente a la gente reunida en Cova da Iria, con objeto de impresionarla», explica Badía.

No hace falta aclarar que todo ello es interpretado por los expertos en ufología como la demostración de que, más que la aparición de la Virgen, se trató del contacto de seres extraterrestres con la gente del lugar, y que toda esta danza pudo haber sido fruto de los movimientos de una nave espacial de luz.

Pero en su estudio de las apariciones de Fátima, el ufólogo va un paso más allá. Asegura que tal vez, más que una serie de encuentros cercanos del tercer tipo, pudo haber sido un caso de contacto mesiánico. Lo que caracteriza a este tipo de contacto es que el ser que se aparece comunica mensajes a un vidente. Y en Fátima ocurrió justamente eso. Según contaron los niños, la Virgen les dio un mensaje, dividido en tres partes, que no estaban autorizados a revelar hasta una fecha que ella misma les indicó. Ello sucedió mientras los niños acompañaban a sus ovejas en el campo: vieron una luz brillante en el cielo, y momentos después una figura que estaba rodeada de luz pareció materializarse cerca de ellos. En los distintos encuentros, les dio mensajes, la mayoría acerca de la paz y de la importancia de la oración.

También señalan los ufólogos que la Virgen de Fátima nunca se presentó a sí misma como la Virgen. Según los relatos, cuando Lucía, una de las niñas que protagonizaron el encuentro, le preguntó: «¿De dónde es Vuestra Merced?», la entidad le respondió: «Soy del Cielo». Así como los católicos interpretan, sin dejar lugar a dudas, que se trata del Cielo espiritual, los expertos en ovnis plantean la posibilidad de que se refiriera al espacio cósmico, es decir, que viniera del espacio exterior. En cualquier caso, lo que ponen de relieve es que la imagen nunca dijo ser la Virgen, y que esa es una interpretación humana, posterior a la aparición.

Lo que muchos ufólogos intentan hacer, desde hace tiempo, es encontrar una relación entre el fenómeno ovni y las creencias religiosas de diferentes épocas. Así, sostienen que no sólo la Biblia, sino también algunos otros libros o escritos de la Antigüedad contienen alusiones que, hoy día, se pueden interpretar perfectamente a través de la ufología y los extraterrestres.

En una simplificación extrema, plantean que lo que se apareció en Fátima era verdaderamente la Virgen, pero dentro de ese contexto indisoluble de ovnis y religión que proponen. Dicho de otro modo, tanto la Virgen como su hijo Jesucristo, si no eran extraterrestres, estaban íntimamente relacionados con ellos.

Fenómenos paranormales

Muchos de los fenómenos que escapan a las leyes de la naturaleza y que se presentan junto con las apariciones marianas, como el éxtasis, la comunión mística, levitación, premoniciones y otras tantas, pueden ser vistas tanto desde una perspectiva religiosa como desde el punto de vista de las ciencias paranormales. Es que todas estas manifestaciones también ocurren en otros contextos, como el espiritista, el ocultista, el contactista, etc. Es decir, no son fenómenos exclusivos de las apariciones marianas.

La cuestión es que dentro de las apariciones marianas existen una serie de fenómenos bastante corrientes en la ufología y la parapsicología, como la clarividencia, levitación, apariciones, estados de posesión, teletransportaciones, fenómenos luminosos e incluso objetos de apariencia física (luces, discos, naves, ruedas, cruces, figuras, etc.), lluvias insólitas, sonidos extraños en el cielo, revelaciones similares a las de los «contactados por los extraterrestres», etc. Esto ha llevado a pensar a muchos estudiosos de las ciencias paranormales que tal vez exista una conexión entre las apariciones marianas y el esoterismo o la ufología.

«Cuando ocurre este tipo de manifestaciones y muchos las atribuyen a una aparición de la Virgen, me surgen muchas dudas. No estoy seguro de que estos fenómenos sean una prueba de que estamos ante un milagro. Hay sensitivos y médium capaces de producir tales fenómenos. Por eso, no siempre que se habla de apariciones marianas es correcto. Creo que sería más adecuado hablar de fenómenos paranormales, pero que son interpretados como sobrenaturales por personas que ignoran estos temas, o porque pertenecen a un estatus socio-cultural bajo o porque tienen un fuerte fervor popular», argumenta el parapsicólogo Carlos Luis de la Marca.

Cuando se producen apariciones, los parapsicólogos tienden a catalogarlas como expresiones de facultades innatas en el ser humano, que se potencian bajo un estado alterado de conciencia. «La mente del vidente penetra en un estado diferente de conciencia en el instante del trance. El inconsciente se manifiesta, y a su vez surgen fenómenos parapsicológicos, como los que se observan en las llamadas apariciones», apunta De la Marca.

Lo que se preguntan, en general, quienes están relacionados con lo esotérico, es por qué la Virgen se presentaría para realizar milagros que ya de por sí existen fuera de un contexto religioso. Si esos fenómenos pueden ser producidos por sujetos con facultades psíquicas desarrolladas, ¿por qué la Virgen realizaría cosas similares a las que la mente humana puede acceder de todas maneras? Ellos sostienen que la Virgen, para hacer creíbles sus apariciones, quizá debería realizar milagros únicos e irrepetibles.

El factor psicológico, entonces, también juega un papel importante en estos sucesos. Pero no solamente habría que remitirse al vidente, sino también a todos los que lo rodean y creen en ello. Si bien la psiquis del vidente es el motor de la actividad paranormal que rodea a una aparición mariana, los cientos de acólitos que le acompañan —que comparten una motivación común— también potencian de forma inconsciente el surgimiento y expansión de ciertas energías mentales.

De la Marca lo ejemplifica así: «Si, por ejemplo, cuatro o cinco personas concentradas alrededor de un tablero ouija pueden protagonizar algún que otro episodio paranormal, ¿qué no será capaz de lograr un considerable número de gente sensibilizada a nivel emocional?... Creo que un conjunto de gente que cree en la Virgen María podría materializar sus apariciones», sostiene.

Las representaciones

Las apariciones de la Virgen también han sido evaluadas desde la astrología, que ha encontrado en ellas, y especialmente en sus representaciones, elementos para pensar en otras explicaciones de estos fenómenos. Así, se han estudiado las imágenes con que se suele retratar a la Virgen en sus diferentes formas, para encontrar que la iconografía católica tiene mucho que ver con símbolos de la astrología.

Independientemente del ropaje, la oración o la advocación que se le atribuya a la Virgen, es común que se encuentre dibujada con un semicírculo de doce estrellas por encima de su cabeza y de pie sobre una luna. O una media luna, lo que es lo mismo. Lo importante, en todo caso, es que la Virgen está pisando la luna, así como en otras imágenes pisa una serpiente. Ello, normalmente, es un ejemplo de dominación.

En el caso de la serpiente, lo que quiere significar es que pisa al demonio, representado por ese animal. La luna, por el contrario, tiene un significado bien distinto.

La luna puede ser, según algunos estudios arqueológicos, el símbolo de los matriarcados de la antigüedad remota, los cultos a la fertilidad de las vestales y las sibilas, la dominación del hombre por la mujer. El catolicismo es, por el contrario, una religión fuertemente machista: no sólo la mujer no puede llegar a los más altos estamentos, sino que hasta el medioevo se discutía si tenía alma, que es tanto como decir si se trata de un ser humano. «Su sometimiento —bíblico— al varón, su oscurantismo social, hacen del cristianismo una religión solar», afirma el esoterista David Estival. Los antiguos cultos paganos, en cambio, eran fuertemente feministas. Por ello, en esta representación, la ciencia esotérica encuentra una conexión directa.

Una mirada diferente

Para la mayoría de los católicos, el mero hecho de relacionar una aparición de la Virgen con cuestiones parapsicológicas puede resultar una afrenta grave, e incluso herir sus sentimientos. Sin embargo, hay tendencias que intentan quitarle el halo de negatividad que tienen todas las manifestaciones que se consideran parapsicológicas, como la telepatía, la clarividencia o la psicometría. En resumen, se plantean por qué esas capacidades en una persona religiosa no podrían ser dirigidas de la misma forma que las capacidades «normales» de objetos de naturaleza religiosa, y ser así un ímpetu para actos religiosamente relevantes. Incluso, se preguntan por qué no está permitido evaluar esos actos como «obra de Dios».

En principio, suponen que desde un punto de vista teológico no debería haber obstáculo alguno para que Dios utilice las posibilidades completamente innatas de la naturaleza humana para la realización de metas extraordinarias con relación a la salvación. «Es difícil, por no decir imposible, responder a la pregunta de por qué Dios tendría siempre que echar mano de algún medio extraordinario para algo que él puede lograr a través de las capacidades y posibilidades humanas ordinarias», reconoce Zöe Nin, escritora especializada en temáticas insólitas. «Pero en esta tendencia, se da por sobreentendido que Dios actúa en toda buena obra que el hombre realiza», explica.

Cuando se plantea la formulación «esta visión se origina de Dios», con respecto a las apariciones marianas, se abre la posibilidad para muchas interpretaciones. Una de ellas dice que para Dios nuestros límites humanos en los ámbitos natural, parapsicológico y sobrenatural no presentan clase alguna de barrera, cualquiera que sea el caso. Y puesto que, desde el punto de vista de su salvación, el hombre puede descubrir la gracia de Dios e inspiración para su salvación personal incluso en un evento que no sea posible explicar en principio de un modo completamente natural, todos los sucesos que parecen parapsicológicos tienen cabida.

«Cualquier visión que, más allá de que pueda ser explicada o no, permanezca dentro de los límites de la fe y la moral cristianas, y hasta tanto no dañe la salud mental del vidente, sino que lo eleve moral y religiosamente, podría entonces ser aceptada como obra de Dios y como una gracia», explica Zöe Nin.

Pero lo mismo ocurre en el caso de que en la visión no haya un signo milagroso. Aunque las visiones pueden ir acompañadas por un signo especial reconocible a todos, no es la única visión auténtica. La intervención divina, se supone, no tiene por qué estar acompañada de un suceso que escape a la explicación natural. En ese caso, el reconocimiento eclesiástico no sería necesario. Entonces, se plantean algunos, ¿por qué habría de necesitarse el reconocimiento de la Iglesia en los casos en que sí existe algún hecho de los denominados sobrenaturales?

El reconocimiento está limitado, como veíamos antes, únicamente a la afirmación de que una visión, de acuerdo a su contenido e impacto en el vidente y en los demás, es positiva. En ese sentido, «se origina en Dios». Entonces, si hay una experiencia mística real del vidente que corresponde a las normas de la fe y la razón, más allá de que tenga connotaciones parapsicológicas, quizá también debería tener ese reconocimiento, según esta teoría. Así, incluso si en alguna visión no hay un signo milagroso que claramente supere las leyes naturales y el curso ordinario de los eventos, pero que en todo pueda interpretarse como una manifestación natural y parasicológica, no debería haber ninguna razón teológica para negar a esa visión toda la posibilidad de ser originada por Dios.

El problema de la Iglesia sería, para esta corriente, que señala con demasiada rapidez si algo es provocado por Dios o si es engaño del demonio. Por ello, muchos teólogos piden una suerte de «indulgencia» particular hacia las experiencias de visiones, y son de la opinión de que éstas pueden ser aceptadas como «inspiradas por Dios», incluso cuando no se pueda aceptar cada uno de los detalles de ellas.

Los fenómenos místicos

Los milagros, aunque están íntimamente relacionados con la Virgen y sus apariciones, también tienen otros canales de realización. Otros santos e incluso ángeles son parte de un conjunto de fenómenos de orden místico, en el que las visiones son tan importantes como las locuciones, ya sea por el milagro que llevan implícito como por las revelaciones que en ocasiones se desprenden de sus apariciones.

Las visiones, que hasta este momento hemos englobado prácticamente como si fueran todas del mismo tipo, pueden en realidad clasificarse, ya que no todas son iguales ni de la misma naturaleza. Así, entre las visiones, nos encontramos con que existe la corporal, la imaginaria y la intelectual. Pueden darse por separado, o bien como una combinación entre dos o las tres.

En la primera, nos encontramos con que la vista percibe una realidad naturalmente invisible para el hombre; se trata entonces de una forma exterior sensible o luminosa. Y eso es lo que tiene lugar en las apariciones. ¿Cómo se produce esta visión? No siempre de la misma manera. Puede ser por la presencia verdadera de un objeto que deja una impresión en la retina, tal como cuando vemos una silla, o bien por un agente externo que opera sobre el órgano de la visión para producir en él la misma especie impresa que produciría la presencia verdadera del objeto, es decir, tiene el mismo efecto que una visión normal, aunque no la misma causa.

Sin embargo, ésta no parece ser la forma de visión más común entre quienes dicen ver a la Virgen o a alguna otra entidad, aunque a veces sí puede ocurrir. Lo que ocurre en este caso es que, en lugar de que la Virgen tenga una presencia corporal, se produce una representación por ministerio de los ángeles. La razón es sencilla: es metafísicamente imposible, en principio, que un cuerpo esté en dos lugares a la vez. Desde una visión católica, se entiende que para aparecer corporalmente en la tierra, tendría que dejar el Cielo, lo que no es conveniente.

La visión imaginaria, el segundo tipo que establecen los teólogos, no está relacionada con los sentidos externos, sino que se basa en el sentido interno de la imaginación. Es decir, es una representación sensible enteramente circunscripta a la imaginación. La ventaja que tiene es que, al no depender de los sentidos externos, se presenta al espíritu con más vivacidad que si estuviera producida por una realidad exterior comprobable.

Este tipo de visión se puede producir de varias maneras. Una opción es que acontezca cuando se representa o se revive una imagen que habíamos percibido antes por alguno de los sentidos. También puede aparecer por combinación sobrenatural de esas mismas imágenes contenidas en la imaginación. La tercera posibilidad es que se produzca por nuevas imágenes infusas.

El último tipo de visión es la intelectual. Aquí ya no hablaremos ni de los sentidos internos, ni de los externos, sino de la potencia del alma-intelecto. Esta visión es, para los teólogos, un conocimiento sobrenatural que se produce por una simple vista de la inteligencia, sin impresión o imagen sensible. Es una visión súbita, inmediata, que no tiene nada de la lentitud o torpeza propia del razonar cotidiano. Se supone que es así porque Dios es causa directa de esta visión intelectual, es decir, no se hace por medio de los ángeles: Dios actúa directamente sobre el intelecto del vidente. El problema mayor se le presenta, justamente, al vidente, que por lo general no es capaz de calificar lo que le ha ocurrido, ni tampoco describir su experiencia.

Las locuciones son un tema aparte. En general, acompañan a las apariciones, y son de alguna manera el legado que dejan, la palabra en la que los fieles pondrán luego su devoción. Al igual que ocurre en las visiones, también hay distintos tipos de locuciones. La llamada locución auricular es, lógicamente, la percibida por el oído. Son, por tanto, vibraciones acústicas formadas en el aire por los ángeles (o demonios). Estas palabras parecen salir de la visión corporal, de una imagen sagrada, etc. Lo que debemos tener en cuenta, para no confundirnos, es que en la teología se da por supuesto que los ángeles no tienen forma corporal alguna, porque son espíritus puros, ni tampoco se comunican con el lenguaje humano.

La locución imaginaria, a diferencia de la anterior, no se percibe con el oído, sino con la imaginación. Sin embargo, tenemos que remarcar que no es una imaginación normal, humana, sino que está producida por un agente externo. Así, se supone que son percibidas directamente, por más que la persona no quiera escucharlas.

Tal como ocurre con las visiones, también hay locuciones intelectuales. Aquí no solamente no interviene el sentido de la audición, sino que tampoco tiene lugar la imaginación. Como las visiones intelectuales, se considera que son producidas directamente por Dios. Entre estas últimas, San Juan de la Cruz distingue tres clases. Están las sucesivas, en las que el Espíritu Santo va instruyendo al alma con razonamientos sucesivos, es decir, conduce un razonamiento. También encontramos las formales, que son las que se perciben en el entendimiento como viniendo claramente del otro, sin poner nada de uno, y las sustanciales, iguales a las formales pero con eficacia soberana para producir en el alma lo que significan.

Ángeles, las otras apariciones

Los milagros, tanto ahora como en las Sagradas Escrituras, no vienen sólo de la mano de Jesús o de María. Los ángeles también ocupan un lugar importante en las apariciones de la Virgen, pues en muchas ocasiones la acompañan, y forman parte de sus consecuencias. Por ello, es innegable que, para los creyentes, la idea de un ángel guardián o de un ángel que se aparece junto a la Virgen tiene un valor inestimable.

Los ángeles, según los Evangelios, tienen cuatro misiones. Son los ministros de Dios en el universo, se encargan del movimiento de los astros y los fenómenos de la naturaleza como las estaciones, la lluvia y el viento, custodian las naciones del mundo y dan protección y ayuda a los seres humanos con los «ángeles de la guarda», es decir, interceden por los hombres ante el trono divino. Además, la tradición cristiana indica que los ángeles serán los encargados de despertar a los muertos el día del Juicio Final, y separar a los justos de los pecadores.

La etimología de la palabra «ángel» procede del latín *angelus*, y éste a su vez del griego *ágguelos* o *mal'akj* en hebreo, que quiere decir «mensajero» o «servidor» de Dios. Los ángeles tienen unas características especiales que los hacen los seres ideales para invocarlos y pedirles milagros: son inmortales, tienen voluntad propia, poseen conocimientos más amplios y su poder es muy superior a los hombres. Su apariencia puede ser como un relámpago, y sus vestiduras blancas como la nieve; además, están siempre en la presencia de Dios y constituyen su ejército celestial. Sobre su número, las Escrituras aclaran que son «millones de millones». Santo Tomás de Aquino enseñaba que los ángeles fueron creados antes que el hombre, porque un ángel rebelde a Dios fue el culpable de la caída de nuestros primeros padres. Se admite entonces que Dios los creó en un principio, cuando sacó de la nada el universo. Hay en estos seres espirituales tres instantes: su creación, la prueba de obediencia a que fueron sometidos por Dios, y el premio en el cielo para los ángeles buenos, y el castigo en el infierno para los ángeles malos.

Desde hace más de cuarenta siglos, los ángeles están presentes en las tradiciones de diferentes culturas y religiones. Se habla de ellos en el Islam, el hinduismo, el budismo, las religiones de la China, Indonesia, los aztecas, los incas, en el zoroastrismo, y también en las culturas ancestrales del Oriente como los cananeos, asirios y sumerios.

Pero la iconografía no ha sido siempre la que conocemos hoy, que suele inclinarse por representarlos con alas. En los viejos escritos en hebreo los ángeles carecían de alas; en el sueño de Jacob él observa una escalera que llegaba hasta el cielo, por la que subían y bajaban los mensajeros celestiales. El cristianismo dice que cuando los ángeles lo juzgan necesario adoptan temporalmente figura humana. Y al no tener sexo pueden verse en forma femenina, como la visión del profeta Zacarías (5,9).

Además de los relatos de la Biblia, las narraciones de la presencia de ángeles en la vida de las personas son sobrecogedoras. San Juan Bosco, en su autobiografía, narra que desde los años 1854 a 1883, contó con la protección milagrosa de un enorme perro que él llamaba «Gris». Su misión era clara: lo salvaba de los continuos ataques criminales de que era objeto el santo, aparecía y desaparecía súbitamente en diferentes regiones, nunca se le vio comer o beber agua, ni tampoco envejecer. Pero él no es el único que dice haber contado con su protección milagrosa. El astronauta norteamericano John Glenn confesó haber visto, en 1962, mientras se encontraba en su cápsula en órbita alrededor de la tierra, algo así como un enjambre de luciérnagas luminosas por varios minutos. Y hubo más relatos de apariciones extrañas en el espacio. En 1982, los cosmonautas soviéticos de la estación espacial Salyut-7, dijeron haber presenciado, durante diez minutos, a siete enormes seres con forma humana y alas inmensas. Dos semanas después, la tripulación de otra nave rusa, la Soyuzt-7, vivió una experiencia similar. Las apariciones, entonces, no son sólo propiedad de la Virgen.

Pero no todos los ángeles son iguales. La llamada corte angélica se compone de nueve órdenes de ángeles en tres jerarquías.

De mayor a menor, tenemos:

— Los serafines, que rodean a Dios y viven en eterna alabanza; los querubines, guardianes de la gloria de Dios, y los tronos, sublimes y muy por encima de toda actitud terrena.

— Las dominaciones, que son los custodios del mundo; las virtudes, portadores de gracia y amor, y las potestades, que gobiernan las estrellas y la naturaleza.

— Los principados, que tienen la capacidad de guiar a otros hacia Dios; los arcángeles, reconocidos individualmente y hechos santos, y los ángeles, que están más cercanos a los hombres.

Capítulo V
LOS SUCESOS MILAGROSOS MÁS INCREÍBLES

«Es necesario esperar, aunque la esperanza haya de verse siempre frustrada, pues la esperanza misma constituye una dicha, y sus fracasos, por frecuentes que sean, son menos horribles que su extinción.»

Samuel Johnson, 1709-1784.
Escritor inglés.

«El hombre tiene ilusiones como el pájaro alas. Eso es lo que lo sostiene.»

Blaise Pascal, 1623-1662.
Filósofo y matemático francés.

La definición de los milagros deja fuera, a veces, la característica más importante de estos hechos portentosos: que tienen la capacidad de maravillarnos, de hacernos poner en duda hasta el sistema de valores que veníamos sosteniendo. Tanto para quienes creen en que los milagros existen como para los más escépticos, el relato de un milagro siempre sorprende. Que luego le demos un significado trascendental o que simplemente lo desechemos en nombre de la ciencia o la razón, poco importa para quienes dicen haberlos experimentado. La mayoría de los milagros que se reconocen actualmente son los que se relacionan con curas o sanaciones. Es decir, cuando por intercesión de un santo o una Virgen, una persona que está enferma obtiene una cura instantánea y duradera. Por supuesto, estos no son los únicos tipos de milagros admitidos, ya que muchas veces tienen que ver con portentos naturales, o incluso con lograr la aparición de objetos, como veremos más adelante. En cualquier caso, los milagros están llamados a sorprendernos, creamos en ellos o no.

En la historia, como hemos visto a lo largo de los capítulos precedentes, ha habido milagros registrados en casi todas las religiones. Sin embargo, una de las pocas que en la actualidad los admite y los hace formar parte importante en la relación de los fieles con Dios es la católica. Aunque hay otras que lo aceptan, como el culto a Sai Baba, lo cierto es que la gran mayoría de los milagros reportados al día de hoy son cristianos.

A lo largo de este capítulo haremos una breve selección de algunos milagros que personas comunes han declarado haber recibido. Parte de ellos ha sido estudiada por la Iglesia católica en la comisión que el Vaticano formó a tal efecto, mientras que otros sólo se han transmitido por la tradición oral, sin ser verificados. De todas formas, debemos tener en cuenta que todos los milagros de nuestra era, alguna vez han sido cuestionados, hasta que la Iglesia decidió tomarlos como verdaderos.

Retomando el tema que veníamos desarrollando en esta segunda parte, señalaremos que los milagros más reconocidos por la Iglesia en los últimos tiempos son los relacionados con las apariciones de las Vírgenes de Guadalupe y de Lourdes. En ambos casos, después de presentarse se sucedieron hechos milagrosos, sobre todo sanaciones, algunas de las cuales (un porcentaje ínfimo, pero relevante) fueron reconocidas por el Vaticano.

Los milagros de la Virgen

La Virgen de Guadalupe, en México, tiene una fama que cruza todo el país, y la venera un altísimo porcentaje de ese pueblo tan católico. Uno de los primeros milagros que, según la tradición, realizó, fue en 1531. Construida la ermita de Tepeyac, se organizó una procesión para trasladar la imagen de la Virgen. En medio de la muchedumbre, un arquero disparó al aire, pero la flecha fue a clavarse en la garganta de un hombre que cayó como muerto. Lo llevaron ante la imagen de la Virgen, le sacaron la flecha, y no sólo resucitó, sino que se le sanaron las heridas.

Lourdes también hizo milagros para toda la población, sin limitarse a un solo hombre. En 1554 hubo una gran peste que se extendió rápidamente y se llevó a más de doce mil personas. Se hizo una gran procesión, con cantos, desde el convento de Tlaltelolco hasta el Santuario suplicando su ayuda: cuentan que al día siguiente comenzó a disminuir la epidemia hasta desaparecer por completo.

En el año 1629 hubo lluvias tan abundantes y continuadas que se reventaron los diques, y la Ciudad de México se inundó, al punto que en muchas calles el agua subió de dos a tres varas. Para atajar la calamidad el arzobispo Francisco Mauro y Zúñiga determinó que el 25 de septiembre se trasladara la imagen de la Virgen a la capital y que no regresara hasta que pudiera él hacerlo «a pie enjuto». En la noche quedó la imagen en el palacio episcopal y al día siguiente se trasladó a la Catedral, en cuyo altar mayor quedó colocada. La imagen fue restituida a su Santuario cuando bajaron las aguas.

Entre 1736 y 1737 se juntaron en la Ciudad de México una serie de calamidades. Hubo una epidemia de peste de «matlazahuatl» (fiebre tifoidea) en la que murieron más de cuarenta mil personas; a principios de septiembre hubo un gran temblor, y por el mes de diciembre se registraron varios huracanes que los naturales llamaron «vientos de la muerte». A principios del año 1737 el arzobispo decidió hacer una Novena a la Virgen de Guadalupe, pero seguía desarrollándose la epidemia. Entonces, el Arzobispo-Virrey Juan Antonio Vizarrón, a petición de los Concejales, nombró a Nuestra Señora de Guadalupe Patrona de México, y el 12 de diciembre como fiesta principal. El decreto fue promulgado el 23 de mayo y, según cuenta la tradición, la peste cesó, ya que en ese día no se reportó ningún muerto.

La Virgen de Guadalupe se apareció muchas veces en el momento de realizar el milagro. Por ejemplo, en 1751 el navío *El gavilán* naufragó en una tormenta y sólo quedaron a flote los marineros que se agarraron a unas tablas y a un mástil de la hundida nave. Invocaron a la Virgen de Guadalupe y, según contaron luego, se les apareció en el horizonte. Al momento se calmó el mar y una suave brisa los acercó a tierra, salvándose todos. En agradecimiento, llevaron el mástil salvador desde las costas de Veracruz hasta el Santuario y lo colocaron frente a la iglesia del Pocito.

Los mexicanos, además de encomendarse a la Virgen como pueblo, tienen la costumbre de pedirle favores, especialmente los enfermos, y hay centenares de relatos en que aseguran haber sido curados por intercesión de esta Virgen.

Pero es la de Lourdes la más famosa por sus sanaciones. Desde 1858, cuando apareció por primera vez, miles de enfermos han acudido para pedirle salud, y muchos aseguran haberla conseguido. El primer milagro de este tipo, que marcó la tendencia, ocurrió el 26 de febrero de ese año, y tuvo como protagonista a la famosa agua milagrosa que manaba en el lugar de su aparición.

Había en Lourdes un obrero de las canteras, llamado Bourriette, quien veinte años antes había tenido el ojo izquierdo severamente lastimado por la explosión de una mina. Según cuenta la tradición, era un hombre muy honrado y muy cristiano, que mandó a la hija a buscarle agua a la nueva fuente y se puso a orar. Aunque estaba un poco sucia, se frotó el ojo con ella. Comenzó a gritar de alegría al sentir que los objetos tomaban forma delante de sí: estaba recuperando la vista. Los médicos habían dicho que jamás se curaría, aunque al examinarlo de nuevo aseguraron que había ocurrido un milagro. Lo más llamativo era que el milagro había dejado las cicatrices y las lesiones profundas de la herida, pero había devuelto aun así la vista.

Otro de los milagros reconocidos por la Iglesia ocurrió ese mismo año de las apariciones, el 4 de marzo. Un niño de dos años llamado Justino estaba ya agonizando. Desde su nacimiento había tenido una fiebre que iba poco a poco desmoronando su vida. Sus padres, ese día, lo creían muerto. La madre, en su desesperación, lo tomó y lo llevó a la fuente. El niño no daba señales de vida. La madre lo metió quince minutos en el agua que estaba muy fría. Al llegar a la casa, notó que se oía con normalidad la respiración del niño. Al día siguiente, Justino se despertó con tez fresca y viva, sus ojos llenos de vida, pidiendo comida y con sus piernas fortalecidas. El milagro fue finalmente certificado, y se lo llamó de primer orden.

Otra Virgen que ha obrado unos cuantos prodigios de curaciones es la de Medjugorje, en la ex Yugoslavia. Su aparición, igual que la de Fátima, estuvo acompañada de fenómenos luminosos como la «danza del sol», lo que ya es considerado por sus seguidores como milagro. Sus fieles han reportado, además de este tipo de portentos, decenas de curaciones, muy cercanas a nuestro tiempo.

Uno de estos milagros fue reportado por Diana Basile, nacida el 5 de octubre de 1940 en Platizza, Consenza, Italia. Sufrió de esclerosis múltiple, enfermedad incurable, desde 1972 hasta el 24 de mayo de 1984. A pesar de la ayuda de médicos de una clínica de Milán, su enfermedad se agravó con el paso de los años. Por deseo propio, fue a Medjugorje y estuvo presente durante la aparición de la Virgen en una habitación aledaña a la iglesia. Ella afirma que fue curada repentinamente. Por eso, al día siguiente, caminó descalza 12 kilómetros desde el hotel en Ljubuski, donde pasó la noche, a la Colina de las apariciones para dar gracias a Nuestra Señora por su curación. Desde entonces hasta hoy, ha seguido bien.

A su regreso a Milán, los médicos estaban asombrados de su curación e inmediatamente integraron una comisión médica que debía examinar concienzudamente tanto la condición previa como la actual de la mujer. Reunieron 143 documentos y, al final, 25 profesores, médicos en jefe y otros médicos escribieron un informe especial sobre la enfermedad y la curación. Allí afirmaban que Diana Basile en efecto sufría de esclerosis múltiple, que por muchos años fue tratada sin éxito, pero que ahora está completamente curada y que esto no sucedió por alguna clase de terapia, ni por algún medicamento. De este modo, indicaron que la causa de la curación tenía un origen diferente que el científico.

Otro milagro atribuido a la Virgen de Medjugorje le sucedió a Rita Klaus de Pittsburgh, Pensylvania, Estados Unidos, maestra y madre de tres hijos, nacida el 25 de enero de 1940. Durante veintiseis años sufrió también de esclerosis múltiple. Igual que el caso de la italiana, ella era alguien a quien ni los médicos ni la medicina habían sido capaces de ayudar. Leyendo el libro sobre Medjugorje, comenzó a pedirle su sanación. El 23 de mayo de 1984, mientras rezaba el rosario, dijo haber sentido en su interior un calor inusitado. Después de ello se sintió bien. Y desde entonces hasta hoy, la paciente está completamente bien y es capaz de llevar una vida normal.

Los milagros de Santiago

Entre los milagros más caros al catolicismo están los realizados por Santiago *el Mayor*, el mismo por el que han peregrinado miles de fieles en el Camino de Santiago. El culto al Apóstol comenzó a fines del siglo VIII, alimentado en buena medida por los relatos que los juglares, hospitaleros, huéspedes y peregrinos hicieron sobre los milagros que había obrado.

El Libro III del *Códice Calixtino* está dedicado enteramente a los milagros. En él se recogen hasta veintidós de diferentes actitudes y necesidades. Uno de los más importantes y difundidos de este *Códice* es el número cinco. En él se relata cómo un padre y un hijo, de origen alemán, llegan a la población francesa de Toulouse. Son recibidos por el hospedero, que los emborracha, para por la noche y debido a su avaricia robarles las pertenencias. Además, esconde una copa de plata en el zurrón del padre. Tras la partida denuncia el hecho al alguacil, que manda perseguirlos y detenerlos al encontrar la copa del hospedero. Cuelgan al hijo, porque sustituye voluntariamente al padre en el castigo. El padre sigue la peregrinación a Santiago y, al volver a pasar por Toulouse a los 36 días visita la horca del hijo y encuentra que está vivo. La explicación que encuentra es que Santiago, ante tan evidente injusticia, lo sostuvo por los pies todo ese tiempo. Avisado el alguacil del hecho se mofa diciendo que su hijo está tan vivo como el gallo y la gallina que estaba a punto de comer. Pero los animales echan a volar, y entonces se celebra un juicio nuevo y cuelgan al hospedero.

Milagros «made in USA»

Aunque los países europeos, seguidos de los sudamericanos, son los más prolíficos, los milagros ocurren en todas partes, Estados Unidos incluido. En California, por ejemplo, a fray Junípero Serra se le atribuyen varios milagros, aunque no todos han sido aprobados por la consulta médica del Vaticano. Uno de sus milagros, sin embargo, logró pasar la prueba.

Según los documentos, el milagro se produjo en la primavera de 1960 en Saint Louis, y benefició a Boniface Dyrda, una monja franciscana que tenía entonces cuarenta y cinco años. Desde el mes de octubre del año anterior, Boniface sufría fiebres y un sarpullido cutáneo. Al principio, los médicos pensaron que padecía un catarro, pero a pesar de los medicamentos su estado empeoró. Allí, a través de una serie de estudios, se determinó que padecía del bazo alargado, por lo que se le practicó una operación para extirpárselo.

Durante un tiempo su estado mejoró, pero en enero del año siguiente volvieron los mismos síntomas: fiebre y sarpullido. Los médicos ya no acertaban a encontrar la causa de esos padecimientos, a pesar de practicarle diferentes estudios. Por ello, era imposible aplicar ningún tratamiento, y la salud de la monja siguió empeorando. Bajó de peso hasta los cuarenta y dos kilos, y casi no podía comer. La víspera del Domingo de Ramos de 1960, recibió los últimos sacramentos e ingresó en el hospital: ya no quedaban esperanzas para ella.

Las hermanas del convento al que pertenecía la monja comenzaron a rezar una novena al padre Serra; el capellán, Marion Habig, era un sacerdote franciscano de California y afecto a la causa de Serra. El Viernes Santo, exactamente una semana después de su ingreso, Boniface se sintió mejor de repente. Por primera vez desde hacía semanas, pidió comida y, un mes después, fue dada de alta del hospital y la misteriosa enfermedad nunca volvió a aparecer.

Pero ese no es el único milagro estadounidense reconocido por el Vaticano. Entre muchos otros, podemos destacar los realizados por intercesión de Rose-Philippine Duchesne (1769-1852), una monja francesa que llegó a Missouri con otras cuatro hermanas de la Congregación del Sagrado Corazón y se convirtió en líder y pionera de la asistencia social y la educación católicas. Fue declarada venerable en 1909 y, con dos curaciones milagrosas atribuidas a su intercesión, beatificada por el Papa Pío XII en 1940.

El milagro que finalmente la llevó a la canonización tuvo como protagonista a una misionera del Sagrado Corazón en Japón, Marie Bernard, de sesenta años, que sufrió una hinchazón en la nuca y fue enviada a tratamiento al hospital de San José, de San Francisco, en 1951, después de que una biopsia demostrara que la hinchazón era maligna. Los cirujanos declararon que el tumor era demasiado grande para extirparlo y que estaba demasiado avanzado para proporcionar algo más que paliativos. Lo más que podían hacer los doctores era aplicar una terapia de radiación a bajo nivel, para hacer más lento el crecimiento del cáncer, y despedirla del hospital. Según su pronóstico le quedaban seis meses de vida, o a lo sumo un par de años.

Las hermanas de la Congregación, como en el caso anterior, ofrecieron una novena de oraciones a Philippine Duchesne, implorando la curación. La Orden entera siguió esta novena, e incluso Marie Bernard participó hasta donde podía, llevando un collar con una reliquia de Duchesne. Las plegarias tuvieron su resultado cuando Bernard regresó a Japón: en 1960 el cáncer había desaparecido. Diez años después, Bernard murió de un infarto.

En España, y en nuestro tiempo

Uno de los curas a los que más han recurrido los españoles para pedirle milagros es José María Rubio, que durante los más de cincuenta años que han pasado desde su muerte ha recibido la plegaria de miles de personas. Según sus seguidores, ha concedido más de tres mil favores. Eso sí: sus milagros son para todos los gustos, desde los más pequeños hasta los más impresionantes. Desde darle ayuda a una madre agobiada, a un niño desahuciado, a un parado que busca trabajo, a una enferma incurable, a un opositor sobre-cargado, nada parece imposible para el padre Rubio.

Pero los milagros más importantes, que le llevaron a la beatificación y la canonización, son tres curaciones que datan de 1944, 1953 y 1987. La primera tuvo como prota-gonista a María Dolores Torres, del pueblo de Dalías, a quien le diagnosticaron en 1937 cinco tumores en la cavi-dad uterina, de naturaleza maligna. Año y medio después entró en el quirófano. Cinco años más tarde, María Dolores notó en el pecho un bulto, aún no doloroso, que aumenta-ba de volumen. En julio de 1944 el doctor Alberto Berdejo diagnosticó un tumor maligno, y fue trasladada al Hospital Provincial de Almería.

Su hermana Encarnación pensó en el Padre Rubio y comenzó una novena de oraciones. Durante el trayecto en coche, la enferma sentía dolores en la zona del tumor. Inme-diatamente después de su llegada al hospital, María Dolores fue examinada por el doctor Serafín de Torres, director y cirujano del hospital, a la vista del historial clínico. El médi-co quedó estupefacto al comprobar que no quedaba ni ras-tro del tumor ni había señal alguna de su existencia. Otros médicos, llamados por el doctor Torres, ratificaron el hecho inexplicable. Durante los años siguientes, en sucesivas ex-ploraciones, siguió sin aparecer rastro alguno del tumor, algo que los médicos no pudieron explicar.

El segundo caso es el de María Victoria Guzmán, una niña de Aranjuez, que cayó enferma el 5 de febrero de 1953: fiebre alta, vómitos continuos, insomnio pertinaz e inapetencia. La atendió el doctor Carlos Richer, el mismo que había atendido al padre Rubio, pero no pudo hacer nada. La niña empezó a sacudir la cabeza, los brazos y las piernas violentamente. Aquellos movimientos nerviosos hacían que se estremeciera todo el cuerpo y girasen en rotación los globos oculares. Subió la fiebre, y el 3 de marzo María Victoria fue trasladada a Madrid. El catedrático de pediatría Luis García Andrade observó los síntomas: fiebre de cuarenta grados, cianosis intensa de la cara y, en las extremidades, notable disnea acompañada de tos, vómitos intensos y frecuentes, imposibilidad de retener ni siquiera el agua. Además, la niña tenía la lengua seca, estrabismo, hipertesia cutánea, rigidez en la nuca, tonos cardíacos débiles, intensificación de reflejos, ruidos húmedos y roncos en los pulmones.

El especialista habló claro: temía por la vida de la niña pues su estado era gravísimo. Tanto que, tras un par de días, la niña parecía muerta. Su cuerpo era el de un cadáver: ojos hundidos, nariz afilada, sin respiración perceptible, sin reacción a estímulos. El padre salió a pedir al médico el certificado de defunción. En aquel momento, una de las vecinas, Pilar Sánchez, se presentó allí con una reliquia del padre Rubio. Era una estampa con un trocito de tela usada por él. Sosteniendo aquel recuerdo, propuso que todos rezaran, invocando al padre Rubio, porque «para Dios no hay cosa imposible». Aunque ya parecía demasiado tarde, pasaron la reliquia por la cabeza y el pecho inerte de María Victoria. Al instante se produjo lo increíble: la pequeña abrió los ojos, se sentó ella sola en la cama y pidió con voz clara que la vistieran, que quería salir a la calle a pasear. Desde entonces María Victoria gozó de buena salud.

El doctor García Andrade declaró en el proceso que aquello era un «milagro», «porque habían desaparecido todos los síntomas en que había fundado mi diagnóstico y mi pronóstico, y no había justificación, ni terapéutica ni clínica, para este cambio en el curso de tal enfermedad». La opinión de otros expertos confirmaría la singularidad del caso. Científicamente no pudo explicarse que una enferma de dos años y medio, que sufre un proceso infeccioso agudo, con localizaciones múltiples, con gran afectación del estado general —desnutrición, deshidratación, profunda toxicosis— pueda instantáneamente volver a la normalidad funcional.

El tercer caso de milagro del padre Rubio es la cura de un cáncer de pulmón. El enfermo era el padre José Luis Gómez-Muntán. Tras ser operado el 11 de diciembre de 1987 e intentar disecar el tumor para su extirpación el cirujano abrió una gran cavidad y consideró el tumor «irresecable e incurable por métodos quirúrgicos». En una palabra, reconoció que no podía hacer más, porque la aorta estaba envuelta como en una masa difusa. Le daba tres meses de vida (máximo ocho). Su superior en la Casa Profesa de Madrid, Santiago García Lomas, que profesaba una gran devoción al padre Rubio, porque su padre fue amigo personal del santo jesuita, oró e hizo orar a la comunidad para que intercediera ante Dios por el padre Gómez Muntán. Todas las biopsias posteriores revelan la desaparición total del tumor.

El último español en ser canonizado fue José María Escrivá, el 20 de diciembre de 2002. Aunque para ser beato ya había obtenido la aprobación de otros milagros, el último y que sirvió para su canonización se trata de una curación milagrosa de una grave enfermedad profesional (la radiodermitis crónica) que padecía el doctor Manuel Nevado Rey y que desapareció, en noviembre de 1992, tras acudir a la intercesión del beato José María Escrivá.

La radiodermitis es una enfermedad típica de los médicos que han expuesto sus manos a la acción de las radiaciones de los equipos de Rayos X durante un tiempo prolongado. Se trata de una enfermedad evolutiva, que progresa de forma inexorable hasta provocar, con el paso de los años, la aparición de cánceres de piel. La radiodermitis no tiene curación. Los únicos tratamientos conocidos son quirúrgicos (injertos de piel, amputación de las zonas de las manos interesadas).

El doctor Manuel Nevado Rey es un médico español nacido en 1932, especialista en traumatología, que durante casi quince años operó fracturas y otras lesiones exponiendo sus manos a los Rayos X. Empezó a realizar este tipo de intervenciones quirúrgicas con mucha frecuencia, a partir de 1956. Los primeros síntomas de la radiodermitis empezaron a manifestarse en 1962, y la enfermedad fue empeorando hasta que, en torno a 1984, tuvo que limitar su actividad a la cirugía menor, porque sus manos estaban gravemente afectadas, e incluso dejó totalmente de operar en el verano de 1992. El doctor Nevado no se sometió a ningún tratamiento.

En noviembre de 1992, el enfermo conoció a Luis Eugenio Bernardo, un ingeniero agrónomo que trabaja en un organismo oficial español. Éste, al saber de su enfermedad, le ofreció una estampa del fundador del Opus Dei, beatificado el 17 de mayo de aquel año, y le invitó a acudir a su intercesión para curarse de la radiodermitis.

Así lo hizo, y desde ese día sus manos fueron mejorando. En unos quince días desaparecieron totalmente las lesiones. La curación fue total, hasta el punto que, a partir de enero de 1993, el doctor Nevado volvió a realizar operaciones quirúrgicas sin ningún problema.

Milagros que no son curaciones

Tal como señalábamos en capítulos precedentes, dentro de la Iglesia católica también se le da importancia a los milagros físicos de naturaleza no médica. Éstos son mucho menores en cantidad, pero lo cierto es que pueden resultar tanto o más impresionantes que los otros. El problema, claro, es que pueden ser más difíciles de demostrar. Además, en general, los fieles suelen orar para conseguir algún milagro relacionado con su salud o la de algún ser querido, por lo que están más atentos a un portento de este tipo.

Sin embargo, otro tipo de milagros existe, e incluso hay casos de su reconocimiento por parte del Vaticano. Un ejemplo de ello es el que cita Kenneth Woodward en su libro *La fabricación de los santos*, que se refiere a la canonización de Juan Macías (1585-1645), un fraile español de la Orden de los Dominicos, que murió en el Perú y fue beatificado en 1837. El milagro en cuestión se produjo 309 años después de su muerte en su localidad natal, Ribera del Fresno, donde Macías era conocido como *el Beato* y considerado el santo patrono del lugar.

La parroquia de la ciudad fue el escenario donde se produjo este milagro. Allí se servía la cena a los niños de un orfanato cercano y también a las familias pobres, que se acercaban hasta la puerta para pedir un poco de comida. La noche del 25 de enero de 1949, la cocinera descubrió que le quedaban sólo setecientos cincuenta gramos de arroz y otro tanto de carne, que podían alcanzar para dar de comer a los niños, pero no era suficiente para los pobres. Por ello, la cocinera imploró ayuda al Beato, y siguió cocinando.

El milagro sucedió cuando el arroz hirviendo comenzó a salir de la olla, multiplicándose. Hicieron falta varias ollas más, porque el arroz no dejaba de reproducirse. Así ocurrió durante cuatro horas, de manera que al llegar la noche había comida más que suficiente para todos. Nadie pudo explicar la causa, porque el arroz no tenía nada extraño. El Vaticano consideró que por ese milagro correspondía canonizar al beato Juan Macías.

Otro milagro no médico sucedió en Madagascar, en la estación seca de 1934. Allí, una mujer incendió por descuido la alta hierba que crecía en los alrededores de la aldea. El viento, que soplaba muy fuerte, comenzó a extenderse, hasta amenazar a la comunidad. Un techo de paja estaba ya ardiendo cuando salió un joven catequista, alzando una imagen de Victoria Rasoamanarvio (1848-1894) e implorándole que salvara del fuego la aldea. En ese instante, cambió el viento y el incendio se extinguió. Victoria fue beatificada el 30 de abril de 1989, aunque por un milagro de tipo médico.

Milagros fuera de la Iglesia

Actualmente, no sólo la Iglesia católica hace gala de milagros ocurridos dentro de su área. Aunque hablar de Sathia Sai Baba es casi sinónimo de incitar a la polémica, no podemos dejar de mencionarlo si queremos hacer un estudio serio del fenómeno «milagros».

Nacido en Puttaparti, en 1923, desde pequeño comenzó a realizar pequeños prodigios, como hacer aparecer dulces de una bolsa vacía. Luego de una vida en la que abundaron los hechos extraños, un día dijo «soy Sai Baba», refiriéndose a un santo hindú, un krishna hacedor de milagros que había fallecido en 1918, pero que había dicho a quienes le seguían que volvería a nacer.

Para muchos, Sai Baba es un avatar, que significa, entre otras cosas, la manifestación directa de la Gracia Divina, cuando no una representación del mismo Dios, y sus milagros una prueba de que es un ser especial y único, con lo que demuestra su naturaleza sobrenatural y divina. Pero para otros, se limita a hacer trucos que encantan a quienes le escuchan y a mantener su *ashram*, así como autos lujosos y otro tipo de bienes materiales de una forma bastante exagerada para quien dice predicar el amor y el desprendimiento, entre otros mensajes.

Son miles los objetos que Sai Baba ha logrado materializar hasta ahora. Son de todo tipo, e incluyen diamantes, flores, anillos de oro, piedras preciosas, libros y hasta alimentos.

Además de la materialización de objetos, los seguidores de Sai Baba aseguran que este avatar es capaz de curar enfermos, y de hecho reportan varias sanaciones producidas por él. Una de ellas cuenta que en el *ashram* había un pequeño hospital con dos médicos y ayudantes ocasionales de fuera. El Superintendente Médico, doctor B. Sitaramiah cuenta a quien quiera oírlo que cuando Sai Baba le pidió algunos años atrás que se encargara del hospital, él ya se había retirado de la práctica, y no deseaba asumir la responsabilidad. Pero Baba dijo que el doctor sería sólo un respaldo, y que él mismo haría la curación. Entonces, el doctor Sitaramiah, que era devoto de Baba, aceptó el ofrecimiento.

«Aparte de los tratamientos rutinarios, he tenido siempre las direcciones de Baba», asegura en el libro *Sai Baba el hombre de los milagros* que edita la propia organización. «Y ha habido muchas curas de casos que eran absolutamente incurables por ningún tratamiento médico conocido. Desde el punto de vista científico las curas son absolutamente inexplicables».

Uno de los casos más curiosos es el de una devota de Mangalore que estaba sufriendo de tuberculosis. Escupía sangre y las radiografías mostraban una caverna en el pulmón derecho. La opinión médica era que la enfermedad era quizá curable, pero que el tratamiento efectivo tomaría unos dos años. En vez de someterse al tratamiento prescripto, fue a ver a Sai Baba. Él le dio *vibhuti* (una ceniza que se considera sagrada) de su mano, y la instalaron en el hospital. Una semana después ella estaba todavía convaleciendo, pero todos los síntomas de la tuberculosis habían desaparecido.

Otro caso es el de un joven de Bombay que había regresado recientemente de Suiza, y estaba sufriendo de problemas internos que los médicos, tanto en Europa como en Bombay, habían diagnosticado como cáncer. No era devoto de Sai Baba, pero un amigo suyo lo había instado a que fuera a Prashanti Nilayam. Desesperado fue y se quedó, no en el hospital, sino en un edificio cercano al comedor. Allí esperó y oró para que Baba le ayudara.

Una noche tuvo un sueño. Alguien lo visitaba, llevando un resplandeciente cuchillo. Cuando se despertó, todo lo que podía recordar era el indistinguible visitante y el brillante cuchillo. Al director del comedor que le llevó el desayuno en la mañana le mostró una mancha de sangre en su sábana. Los devotos creen que Sai Baba había realizado una operación mientras dormía. En todo caso, aseguran que todos los signos y síntomas del cáncer habían desaparecido.

Curas similares se cuentan para casos de inválidos que, incapaces de caminar o incluso sentarse, recuperan la movilidad. O de personas con problemas renales que se sanan en breves lapsos de tiempo. Pero hay algunos milagros que son más espectaculares. Es el caso de Soledad Vega, una chilena que dice haber sido testigo directa de ellos.

En 1996 viajó para verlo de cerca y participó en una entrevista grupal con él. «Me miró un anillo y me dijo algo así como que me habían estafado. Me preguntó si quería otro y yo le dije que sí». Tras un breve movimiento circular con su mano, cuenta Soledad, Sai Baba sacó de la nada un anillo con su imagen: «Yo tengo una enfermedad, no tengo sentido del olfato y tampoco del gusto. Cuando miré bien la imagen me di cuenta de que ésta sólo tiene ojos, le

113

faltan la nariz y la boca. Es como si él hubiera sabido de mi problema».

Desde las manos del profeta no sólo aparecen joyas, sino también frutos, dulces y, sobre todo, el *vibhuti*, la prueba de su fuego interno. Sólo un puñado de ésta, dicen sus seguidores, basta para realizar curaciones maravillosas. «Con su tradicional movimiento de la mano hizo aparecer ceniza, se la puso en el cuello a un hombre que estaba en el grupo y le dijo: "Tu cáncer está cancelado". Tiempo después supimos que estaba completamente recuperado del tumor que tenía en la garganta», dice Soledad.

Capítulo VI
PARA QUÉ SIRVE UN MILAGRO

«La plegaria no es un entretenimiento ocioso para alguna anciana. Entendida y aplicada adecuadamente, es el instrumento más potente para la acción».

Mahatma Gandhi, 1869-1948.
Político y pensador indio.

«Somos pequeños instrumentos, pero muchos pequeños instrumentos en las manos de Dios pueden hacer milagros».

Madre Teresa de Calcuta, 1910-1997.
Misionera yugoslava nacionalizada india.

Cuando pensamos en los milagros, es probable que lo primero que se nos venga a la mente no sea nada referido a su utilidad. En principio, casi podríamos decir que ese concepto, mucho más ligado a cuestiones relacionadas con la economía, queda muy lejos de lo que cualquier creyente siente al ver o experimentar un milagro. Para él, quizá, un milagro sea el indicador de que Dios existe, o bien siente, a través de un prodigio, que Dios está de su lado o ha escuchado sus rezos. En todo caso, es probable que no se cuestione mucho más: simplemente, agradecerá al Cielo la atención de sus plegarias, y se limitará a gozar del milagro concedido. Pero los milagros, si no tienen utilidad, seguro que tienen muchas consecuencias.

La utilidad, en este caso, la entendemos como todas aquellas cosas que suceden alrededor de un milagro, o bien a partir de éste. Y no hablamos de un milagro en particular, sino del hecho de que, para muchísimas personas, existan. Lo primero que logran los milagros es, sin dudas, que la fe de unos cuantos se acreciente o se afirme. Funciona, como veremos, como una ayuda en la vida, como un aliciente frente a las dificultades, como un bastón para la fe.

Y también tiene sus consecuencias prácticas: si un milagro es de sanación, y creemos en él, encontraremos que tiene una utilidad enorme. Básicamente, salva la vida de una persona, o la hace mucho más llevadera de lo que era hasta ese momento. En el caso de fenómenos poco habituales como la ya mencionada «danza del sol», el milagro puede producir la conversión de una religión a otra. Éstos son sólo ejemplos de los «milagros» que puede obrar un milagro, pero hay muchos más en la historia de las religiones.

Cuando se produce un milagro, una gran maquinaria parece ponerse, casi de manera silenciosa, en funcionamiento. Y no es sólo la Iglesia la que participa en ello. Muchas veces (como de hecho ocurrió con la formación del cristianismo), uno o varios milagros pueden ser la piedra fundacional de una religión. Otras tantas, la realización de un portento da lugar a que surja un nuevo culto, como es el caso de la veneración de cada sitio donde apareció la Virgen.

La historia está plagada de infinidad de casos de hombres o mujeres que han pasado por esta vida de una manera más o menos piadosa, pero que tras su muerte, con el correr de los años, han acrecentado su fama a fuerza de milagros post-mortem. Son símbolos venerados por quienes creen en su poder de obrar milagros, o como intercesores de los hombres ante Dios que, en muchos casos, se convierten en santos cuando son reconocidos por la Iglesia.

A veces, son vidas ejemplares de gente que transmitió un mensaje de solidaridad, amor, fe, coraje, confianza, aunque en otros casos ello no esté tan claro. Muchas veces (y esto ocurre en varios continentes), la vida de una persona que terminó sus días trágicamente, de forma martirizada, o de alguna manera llamativa o inusual, se convierte, por la fe popular, en una entidad espiritual a la que la gente recurre para que les acerque un milagro o les cumpla un deseo. Son las llamadas devociones populares, que no tienen un reconocimiento oficial por parte de ninguna entidad religiosa, pero debido a la fe y a la transmisión oral de los relatos hechos por los mismos seguidores, se agiganta la mística y se eleva la condición espiritual de la persona a la que se le atribuyen determinados dones.

Tal vez en vida, la persona a la que se brinda una devoción no haya observado mucho los preceptos religiosos o se haya limitado sólo a los más comunes, pero si existe un aura alrededor de su figura, es posible que de todas maneras sea venerable para la creencia popular. Luego comenzarán las peregrinaciones hacia el lugar donde vivió, o el sitio donde murió. Y surgirán los relatos de milagros cumplidos. A partir de allí, el recuerdo se convierte en una devoción.

«Es muy difícil predecir cuándo comenzará el culto a una persona determinada. Normalmente, aparece por la concreción de un milagro, pero no cualquier milagro es aceptado como tal, o como suficiente para venerar a una persona. La velocidad con que se divulgue ese milagro, y las características particulares de la comunidad en que se produzca son determinantes en estos casos», señala el antropólogo Gabino Marqués. «La capacidad de abstraerse y crear entidades no físicas es inherente al ser humano, y damos vida a lo que está muerto o sencillamente se nos aparece tal como nosotros la experimentamos», agrega.

Él plantea que en las sociedades, las personas no se acercan con fervor a ninguna forma de culto o religión sino hasta que realmente necesitan una salida a sus problemas, porque ya se encuentran totalmente acorralados por algo que los puede arrasar o porque ya no tienen fuerzas para luchar. Es entonces cuando necesitan un milagro. La búsqueda de Dios, de un ser inmaterial, se convierte en el siguiente paso.

Una de cal, otra de arena

Así nos encontramos con una tendencia que cada vez tiene más fuerza en el campo de lo religioso: la de mezclar creencias. Esto ocurre en todo el mundo, especialmente desde hace un par de décadas, coincidiendo con el fin del milenio. Y en este nuevo panorama, los milagros ocupan un sitio preferencial: el aumento de las creencias sobrenaturales y el surgimiento de nuevos cultos son la norma del momento. Pero esta tendencia no tiene por qué ser negativa. «La gente acumula, no excluye, suma cosas para cada necesidad espiritual. El que va a pedirle un milagro a la princesa Lady Diana, no deja necesariamente de ir a misa en domingo. Hace las dos cosas: va al santuario y a la Iglesia», asegura Marqués.

Invocaciones a los astros, defensa contra los maleficios, tarot, parapsicología, videncia, cafemancia (lectura de la borra del café), clarividencia, unión de parejas, aromaterapia, armonizaciones, destrabe, son parte de la oferta de alternativas y complementos a toda fe religiosa establecida. Entre todos ellos, sospechosos milagreros asoman prometiendo lo imposible, y más. Ese, quizá, sea uno de los peligros de la creencia en los milagros.

«Hay nuevos relatos que ponen en juego soluciones imaginarias, creencias mágicas, cosas que son semejantes a los mitos, simples supersticiones, relatos vinculados a mentalidades primitivas que aparecen junto a la religión tradicional», plantea Íñigo Vázquez, asesor filosófico y familiar. «El hombre está tan atormentado por los problemas que tiene que reinventar para seguir viviendo. Entonces, atormentado por su condición, el hombre recurre a la religión y a la creencia para soportar las condiciones de la vida y sus avatares».

Esta multirreligiosidad, donde los milagros están a la vuelta de la esquina, incluye de todo: desde un adolescente que se ata una cinta colorada a la muñeca al tiempo que pide tres deseos, hasta el hombre que se coloca una corbata de un color específico para buscar un trabajo o pedir un aumento de sueldo. Incluso, es común ver en cualquier casa (y le sugiero al lector que mire a su alrededor) cómo conviven un rosario o un crucifijo con una ristra de ajos o una herradura, por mencionar unas pocas de las cientos de cosas que hacemos habitualmente para tentar a quién sabe qué entidad para que nos cumpla los deseos. ¿Quién no se ha encomendado al santo de turno después de comprar un billete de la lotería de Navidad, como si Dios tuviera algo que ver en el sorteo?

En la Iglesia católica, como en otras religiones, crece la alarma por estas cuestiones. El propio Papa Juan Pablo II declaró que «mientras crece un relegamiento de lo religioso, de muchos aspectos de la vida, hay una nueva demanda de espiritualidad, como lo demuestra la aparición de muchos movimientos religiosos y terapéuticos, que pretenden dar una respuesta a la crisis de los valores de la sociedad occidental». Y advirtió, preocupado: «Este despertar religioso trae consigo algunos elementos muy ambiguos, incompatibles con la fe cristiana». El problema, en su opinión, es que ciertas corrientes «intentan llegar a Dios a

119

través del conocimiento y la experiencia, basados en elementos que toman prestados de la espiritualidad oriental y de técnicas psicológicas».

El fenómeno excede las particularidades de cada país, e incluso de los continentes. Lo mismo ocurre tanto en Sudamérica como en Europa, aunque en cada caso tome una forma particular. Los especialistas coinciden en que se globalizó el sincretismo. Y ello trajo aparejadas algunas consecuencias: las principales iglesias se han puesto a trabajar para no perder fieles. En Europa, por ejemplo, la Iglesia católica sale a contrarrestar los efectos de las múltiples creencias con nuevos métodos para atraer fieles o para mantener a los que tiene. La investigadora francesa Daniele Hervieu Leger, asegura que hay una revalorización de las estrategias de devoción tradicionales. Cita el caso de Francia, donde sólo un 10 por ciento de la población es practicante regular. Allí, como hemos visto a lo largo de esta obra, se están repopularizando actividades como la peregrinación a la Virgen de Lourdes. La Iglesia, sostiene la investigadora, busca a través de este peregrinaje formas diferentes que puedan abrir la participación a los jóvenes.

Aunque en el caso específico de Lourdes hay un cierto reconocimiento oficial de algún que otro milagro realizado por la Virgen, lo cierto es que en la mayoría de los casos de cultos a santos, vírgenes o sanadores, en todo el mundo, la Iglesia no termina de aclarar su postura al respecto. En general, acompaña con un «mientras tanto» que puede durar años, y así evita pronunciarse de manera institucional sobre los cientos (o quizá miles) de milagros que los fieles dicen experimentar.

La cuestión es que todos saben que los creyentes, hoy en día, necesitan un contacto más directo con su divinidad, y por eso es tan común recurrir a un santo o a una virgen para pedirle algún milagro. Porque, además, está claro que no todo el mundo puede sostener su fe sólo con ir a la iglesia. Incluso, es preciso destacar que, cuando cualquier persona tiene un problema, grande o pequeño, busca ayuda a su alrededor. Y, además de pedirla a sus semejantes, se encomienda directamente a algún ser superior.

Por ello, «la Iglesia es consciente de que si la persona no encuentra dentro de la institución una respuesta, es probable que la busque en otro sitio, que puede ser desde cambiar de religión hasta hacer un rito umbanda. En ese caso, lo mejor parece ser darle al fiel una alternativa que le permita situarse dentro del culto católico pero en un ambiente más cálido como es el culto a un santo o una virgen», teoriza el sociólogo Damián Castro.

El milagro en la vida cotidiana

Desde una perspectiva actual, especialmente para las mentes científicas, milagro es sinónimo de aquello que es excepcional e inexplicable. La cuestión es saber si para quienes están pendientes de que ocurra y le piden por ello a un santo o una virgen, significa lo mismo. «En la experiencia popular el milagro nunca ha dejado de estar a la orden del día, ya que en su vida diaria, en su experiencia, siempre está presente, por sobre las demás cosas, lo espiritual y lo divino. Pero estos aspectos no se consideran como separados de la vida cotidiana, sino que forman parte de ella. Cuando una persona corriente habla de milagro, lo considera un aspecto más de su realidad», asegura el sociólogo Damián Castro.

Hay, según este investigador, «una exigencia de un determinismo más imperioso y más intransigente. Esta visión supone una conexión íntima entre los planos de la persona, la naturaleza y la sobrenaturaleza». Así, lo sagrado no es radicalmente trascendente y, al invocarlo, pasa a ser un elemento cotidiano. La «magia» de los milagros no tiene que ver con una infrarreligión, sino que es parte de una relación cotidiana del hombre con Dios y con lo sobrenatural.

Es decir, si una persona considera la posibilidad de que se produzcan hechos sobrenaturales, y que esos portentos pueden ocurrir en su beneficio, cada vez que acontezcan los considerará dentro de la normalidad. Un milagro, entonces, es algo que puede y tiene que suceder, porque está dentro del orden de la vida. Así, lo sobrenatural no es más que otro plano de la realidad: deja de ser algo ajeno a la vida del hombre para pasar a formar parte de ella.

Para quienes no creen en los milagros, comprender esto puede ser un poco dificultoso. Y esa dificultad ante el milagro de muchos contemporáneos viene, probablemente, de la mentalidad científica tan fuertemente implantada en la cultura moderna y que ha dado un vuelco enorme en el siglo xx en su comprensión de lo que son las leyes naturales. En este vuelco el milagro no tiene cabida.

La ciencia ha desarrollado en los últimos siglos una comprensión que podemos llamar clásica (por alusión a la Física clásica, la de Galileo y Newton) de las leyes naturales. Éstas son rígidas e inexorables, de modo que si se da algo que pretende ser interpretado como milagro —es decir, como ruptura de una ley natural, por obra de Dios, su Creador—, el científico se encuentra frente a él en una disyuntiva: o el hecho no es repetible, en cuyo caso la ciencia no puede hacer nada con él, o es repetible, lo que lo hace materia posible para la ciencia. Allí empieza a buscar las causas de ese hecho, con el objetivo de reformular las leyes naturales anteriores, porque supone que las anteriores eran erróneas y hacían aparecer a este hecho como milagroso.

La comprensión actual de las leyes naturales ha debido incorporar lo que se ha llamado la crisis de fundamentos de las ciencias, ocurrida en la Física en las primeras décadas del siglo XX por los descubrimientos relacionados con el átomo. «La crisis obligó a replantearse el sentido de las leyes naturales que descubren las ciencias: éstas ya no son concebidas a la manera de la Mecánica, como leyes deterministas (que provocan sus efectos de manera absolutamente rígida e inexorable y, por lo tanto, los hacen totalmente previsibles), sino como leyes probabilísticas, lo que trae consigo una ampliación del ámbito de la indeterminación», explica Elías Migues, filósofo. En esta perspectiva, el milagro puede aparecer como caso aberrante, que queda considerado como una posibilidad, aunque muy poco probable, de las leyes naturales. Pierde, pues, su carácter de milagro, de cosa no explicable para la ciencia.

Por lo demás, en ambos casos —y esto termina de hacer impensable el milagro dentro de la mentalidad científica— los científicos tienen la idea de que ante un hecho aparentemente milagroso lo que hay que hacer es esperar a que la ciencia encuentre una explicación que lo reintegre en el dominio de lo normal. Dicho de otra manera, supone que lo que todavía no ha logrado ser explicado por el juego de la causalidad natural, cuyas leyes investiga la ciencia, más adelante se logrará: la historia de la ciencia está llena de explicaciones de hechos que, en algún momento, se presentaron como milagrosos. Así, el «milagro» no sería más que un residuo precientífico, destinado a desaparecer del todo gracias al continuo avance de la ciencia.

Evidentemente, esta idea se contrapone en todo con las nuevas teorías que intentan explicar cómo funcionan los milagros en la vida de la gente corriente, donde lo milagroso, más allá de que no tenga una respuesta de la ciencia (o quizá justamente por eso), es un aspecto más de la cotidianidad. El milagro, para quien cree en él, simplemente existe, y en tanto es un aspecto positivo de la vida, no tiene sentido rechazarlo con preconceptos, por muy científicos que sean.

El turismo religioso

Si tanto en la Iglesia católica como por fuera de ella, la creencia en los milagros es cada vez más fuerte y necesaria para mucha gente, es lógico que una de sus consecuencias sea la búsqueda de esos milagros. Pero los hechos milagrosos, parece, no se producen en cualquier sitio. Una de las características que presentan es que necesitan de una suerte de intercesor, de algún ser que actúe entre quien lo pide y quien lo concede, es decir, Dios. De eso se ocupan los santos y las vírgenes, e incluso, como señalábamos, otros personajes que son venerados aunque ninguna iglesia los tome en consideración.

Por eso, tanto en Europa como en Centro y Sudamérica, ha surgido, desde hace unos años, lo que podríamos denominar turismo religioso. Se trata de los peregrinos que, por miles, acuden a distintos centros donde se veneran apariciones de la Virgen, de algún santo (reconocido por la Iglesia o pagano) o incluso de cantantes muertos que, según se dice, son capaces de obrar milagros.

La fe, entonces, además de montañas, mueve cada año a multitudes que se desplazan en busca de su milagro personal. Es que no hay barreras para quienes buscan acercarse a su santo: si hay que coger autobuses, aviones o atravesar fronteras, todo vale. Y ello sucede en cualquier parte del mundo y, aunque *a priori* parezca algo extraño, en casi cualquier estrato social.

El fenómeno es explicado como una ruta alternativa y más directa de encontrarse con sus creencias. «La gente busca menos intermediarios, menos burocracia, una relación más directa con lo sagrado», dice el sociólogo Damián Castro. Lo que los fieles necesitan, entonces, es sentirse un poco más cerca de Dios, y creen que yendo a un santuario pueden hablar con la Virgen de una manera más directa.

Así, parecen darse dos fenómenos dentro de este pluralismo religioso. Por un lado, el creyente prefiere armar su propia vinculación con la religión. Aunque no se aparte de la Iglesia, encuentra vías alternativas y, en un punto, más «directas» de relacionarse con la deidad. Así, tal vez prefiere atravesar un océano para ir a pedir un milagro a la Virgen de Lourdes antes que asistir religiosamente a misa.

El otro fenómeno, justamente, tiene que ver con el desplazamiento. Pero, en este caso, se trata de un nomadismo casi virtual: es el traslado de la gente de una religión a otra, en la que tal vez se prometan más milagros; o incluso la posibilidad de tener dos religiones al mismo tiempo, como sucede en muchos casos. Estas devociones, tan diferentes de las que existían en la Edad Media, por ejemplo, parecen tener una ventaja: dan a los fieles un empuje a su fe, y los ayudan a superar los momentos malos, como una enfermedad o alguna contrariedad en sus vidas. Así, en lugar de quedarse en su casa, se animan a salir y pedirle a su santo que le eché una mano. Y con este pedido, tienen fuerzas renovadas. «Los creyentes dicen que ellos tienen más energía para salir cuando tienen confianza. Entonces el santo hace de intermediario, para darles fuerza. La idea es: "Si no puedo solucionarlo por mí mismo, tengo que confiar en alguien que lo haga por mí o que me ayude". El santo da la fuerza para solucionarlo», argumenta la psicóloga Gloria Rosendo.

Una religión más emocional

Aunque la religión cambie, la mayoría de los investigadores coinciden en señalar que no ha perdido su importancia en la vida social de las personas. En los distintos países, la creencia en Dios sigue teniendo índices muy altos, y cada vez surgen más grupos religiosos que se expanden por todo el mundo, además de nuevos cultos. Lo que sí comienza a perderse, quizá, es la rígida dicotomía sagrado/profano, que pierde atractivo para las personas que prefieren invocar la ayuda de lo divino para solucionar problemas cotidianos. «Este fenómeno de persistencia y vitalidad de lo sagrado, no es más que un resurgir de lo religioso, un "reencantamiento del mundo"», señala Gabino Marqués, antropólogo.

Según diversas investigaciones, en la medida en que la participación religiosa ha aumentado, se produce cada vez más en iglesias que demandan de sus fieles un mayor compromiso con una cosmovisión y una acción religiosa. Las iglesias «modernizadas» y secularizadas que se han adaptado, precisamente, al retroceso de lo sagrado, al desencantamiento del mundo y a la adhesión a ciertos valores temporales, son las que más han visto declinar el número de sus fieles a lo largo de los últimos cien años. Por el contrario, las iglesias que postulan un mundo encantado y exigen una fuerte participación de los individuos en la vida de la iglesia son las que más han crecido.

En su adaptación al mundo moderno, las iglesias históricas se han adaptado a la secularización institucional, dejando para la ciencia la tarea de explicar el funcionamiento de la naturaleza y la sociedad humana y acotando, en la mayor parte de los casos, la capacidad de intervención de lo divino en la vida cotidiana. En la totalidad de estas iglesias, al menos la frecuencia de la intervención divina en los eventos diarios se ha visto reducida: los milagros se tornaron hechos excepcionales. De esta forma, los individuos se encontraron con que las iglesias instituidas no daban respuesta a sus demandas, y para ellos la religión debe ayudar también a resolver problemas cotidianos y personales.

«Creo que el crecimiento de las religiones poco secularizadas se debe a que su doctrina permite la oferta de una mayor cantidad de "servicios" religiosos: Dios puede sanar, ayudar a encontrar pareja, proporcionar prosperidad económica o conseguir trabajo. En tanto, las iglesias más secularizadas esperan que estos servicios sean provistos por los profesionales seculares correspondientes: médicos, psicólogos, asistentes sociales o empresarios», aventura Marqués.

«La ventaja de los nuevos cultos es que retoma todo aquello que pertenecía a la religiosidad histórica y que, de alguna manera, fue dejado un poco de lado: la ubicuidad de la intervención de lo sobrenatural en la vida cotidiana de las personas; la comunicación directa con la divinidad; la relación estrecha y personal que se establece con ella, caracterizada por la protección divina y el amor filial; la importancia de lo emotivo y lo afectivo en esta relación y, además, la posibilidad de un rol activo del fiel en la propiciación de sus favores», señala Marqués.

De allí, entonces, la demanda de cultos que enfaticen la búsqueda de milagros. Las variantes religiosas que más se expanden son las que proporcionan efectos mágico-religiosos a través de hechos sobrenaturales, la relación directa con el mundo espiritual y la expresión de esta relación en un marco de fuerte emotividad. En suma, lo que se busca es una religión más emocional.

En este marco se puede inscribir una tendencia que tiene a lo milagroso como eje principal. Es la veneración de héroes populares, a los que después de muertos se los invoca para hacer milagros. Un ejemplo claro es el que mencionábamos de Lady Di, a quien muchos colocaron casi en el altar de santa. Pero hay casos incluso más llamativos.

MISTERIOS DE LA HISTORIA

En Argentina, dos cantantes populares, cuyos fans eran sobre todo de extracción social baja, murieron, con pocos años de diferencia, en accidentes automovilísticos cuando iban o venían de dar conciertos. En el caso de la cantante Gilda, se construyó un gran santuario al borde de la carretera donde falleció, y todos los días acuden personas ya para pedirle un milagro, ya para agradecerle por uno realizado.

Popularmente se dice que la sangre del inocente salva y así, se construyeron mitos en torno a ellos que trascendieron la idolatrización y pasaron a convertirlos en deidades capaces de producir milagros y curaciones, según dicen sus seguidores. La popularidad de Gilda aumentó después de su muerte: sus discos se venden por millares. Son muchos los que se detienen donde murió, y le piden trabajo y salud.

Con Rodrigo sucede algo similar. A un costado de la autopista Buenos Aires-La Plata se encuentra su altar, siempre visitado por fans y cultores de una nueva religión. De él existen estampitas, oraciones y velas que, se supone, tienen el poder de alejar los malos espíritus de la casa.

La posición de la Iglesia

La liturgia relacionada con los santos está admitida en la Iglesia católica. Aunque la cuestión de los milagros, en general, suele quedar en una suerte de nube de indefinición, cuando el Vaticano da por válido un hecho portentoso y canoniza a una persona, admite que se la venere. Sin embargo, aquí hay que matizar: los milagros que reconoce son los ya realizados, y de los nuevos, poco se dice. Entonces, ¿cómo se planta la Iglesia frente a estas demostraciones de fe, que muchas veces casi se contradicen con la doctrina católica?

Prácticamente, de todas las iglesias existentes y desaparecidas, sólo las Iglesias Católica y Ortodoxa han consa-

128

grado y mantienen en vigor la figura de la santidad. Su santoral abarca libros extensos. Los reformistas del Renacimiento hicieron ya la crítica más válida al hecho: tanto santo ha terminado por oscurecer el objeto mismo de la religión, Dios. No falta, en efecto, quien venera a San Pancracio, por ejemplo, e ignora a su Creador; o quien blasfema en el nombre de Cristo, pero pone flores a Santa María.

La cuestión de los milagros no es, para los fieles, nada menor. Y si bien la figura de Jesús suele estar presente, lo cierto es que la relación con los santos y las vírgenes, y sobre todo los pedidos de milagros a ellos, son los que en muchos casos definen la religiosidad. «Supongo que, al dar tal importancia a los santos, las Iglesias Católica y Ortodoxa pretenden poner ante sus fieles unos modelos de conducta. Seguirían en ello lo que suele hacer toda sociedad civil exaltando a algunos individuos ejemplares para que inspiren a sus ciudadanos. La diferencia está en que la sociedad civil no trasciende el orden humano, en tanto que las Iglesias Católica y Ortodoxa, con su énfasis en los milagros como condición de la santidad, transportan al sujeto a un orden sobrenatural. El santo, más que un ser humano, es un elegido de Dios. Su ejemplaridad resulta un tanto inaccesible a la imitación. No extraña, pues, que el no católico u ortodoxo aparezca confuso ante lo que juzga politeísmo, proliferación de dioses menores», señala Elías Migues, filósofo.

De todas formas, plantearnos hoy en día la posibilidad de la desaparición de este tipo de veneración es casi imposible. Por un lado, porque probablemente se seguiría realizando aún al margen de la Iglesia. Y, además, imagínese el lector por un instante qué pasaría si mañana, por impensado decreto papal, desaparecieran todos los santos del culto de la Iglesia. Habría que decir adiós en España a un sinfín de fiestas, entre ellas Santiago, la Inmaculada, y las innumerables ligadas a los patrones de tantos pueblos. Habría que decir adiós a procesiones, verbenas, romerías, bailes, a todo un riquísimo folclore del que está tejida la vida de la gente, sus costumbres, sus devociones, sus esperanzas, sus rezos. Y quien dice España puede decir Hispanoamérica y muchos otros países.

Sin embargo, la Iglesia parece estar atenta a esta suerte de sobreculto que se le rinde a santos y vírgenes. Ellos encuentran algunos peligros que, explican, pueden amenazar el desarrollo de un buen cristiano. Mencionan que en la liturgia popular deben estar presentes elementos que se consideran esenciales de la fe, como el significado salvífico de la Resurrección de Cristo, el sentido de pertenencia a la Iglesia, la persona y la acción del Espíritu divino. Señalan como factores de riesgo la desproporción entre la estima por el culto a los Santos y la conciencia de la centralidad absoluta de Jesucristo y de su ministerio; el escaso contacto directo con la Sagrada Escritura; el distanciamiento respecto a la vida sacramental de la Iglesia; la tendencia a separar el momento cultual de los compromisos de la vida cristiana; la concepción utilitarista de algunas formas de piedad; la utilización de signos, gestos y fórmulas, que a veces adquieren excesiva importancia hasta el punto de buscar lo espectacular; y el riesgo de favorecer la entrada de las sectas y de conducir a la superstición, la magia, el fatalismo o la angustia.

Por eso, en la Iglesia están preocupados por establecer una diferencia tajante entre lo que ellos llaman las revelaciones públicas y las privadas. Es decir, no es lo mismo un milagro hecho por Jesucristo, que uno realizado por una persona (aunque luego sea declarado santo) o que uno realizado por la Virgen.

El término revelaciones «privadas» desde hace bastante tiempo se ha hecho una costumbre en teología, en contraste con la revelación pública. Una revelación pública sería la que es dada en la Biblia, y privada la que es dada por fuera de la Biblia. En la Iglesia se le asigna mayor honor y significado a la revelación bíblica que a la otra, aunque ello es criticado por quienes quieren darle más valor a las apariciones y milagros modernos. El argumento que utilizan estos últimos es que si ambas son auténticas, si ambas provienen de Dios, de acuerdo a su origen, ambas son divinas e igualmente valiosas.

Pero el catecismo de la Iglesia Católica considera que las revelaciones llamadas privadas (algunas de las cuales, como decíamos, han sido reconocidas por la autoridad de la Iglesia) no pertenecen al depósito de la fe. Su función no es la de mejorar o completar la revelación definitiva de Cristo, sino la de ayudar a vivirla más plenamente en una cierta época de la historia. Se supone que, guiado por el Magisterio de la Iglesia, el sentir de los fieles debe saber discernir y acoger lo que en estas revelaciones constituye una llamada auténtica de Cristo o de sus santos a la Iglesia.

La cuestión es que la visión y la revelación pertenecen al carisma profético, del cual la Iglesia no puede carecer. No es que sea necesaria una nueva doctrina o verdad después de la revelación bíblica, sino que los fieles, evidentemente, buscan nuevas formas de relación con la religión. Las revelaciones extra bíblicas, en general, no implican nuevas verdades, sino quizá simplemente una nueva mirada sobre las verdades bíblicamente reveladas.

Puesto que las revelaciones extra bíblicas son extraordinarias y llamativas, generalmente provocan mayor atención que la proclamación ordinaria de las verdades bíblicas y las directrices de la Iglesia, y actúan como terapia de choque. Los milagros, evidentemente, hacen su parte al maravillar al fiel, y hacerlo sentir mucho más cerca de su dios. De hecho, las apariciones en Lourdes, Fátima y Medjugorje, por poner ejemplos actuales, han intensificado la devoción y han despertado la vida espiritual alrededor del mundo. Por eso, quizá, la Iglesia no condene y, más bien, tolere estas expresiones.

Capítulo VII
FENOMENOLOGÍA EXTRAÑA EN LOS MILAGROS

«La ciencia, a pesar de sus progresos increíbles, no puede ni podrá nunca explicarlo todo. Cada vez ganará nuevas zonas a lo que hoy parece inexplicable. Pero las rayas fronterizas del saber, por muy lejos que se eleven, tendrán siempre delante un infinito mundo de misterio.»

Gregorio Marañón, 1887-1960.
Médico español.

«Cenicienta [la Ciencia] (...) enciende el fuego, barre la casa y cocina la cena, y se la recompensa diciéndole que es una criatura vulgar, dedicada a intereses bajos y materiales. Pero en su desván ella tiene visiones fantásticas que están fuera del alcance de las dos hermanastras [la Teología y la Filosofía] que están peleando en la planta baja. Ella ve el orden que impregna el aparente desorden del mundo; el gran drama de la evolución, con toda su medida de lástima y terror, pero también con abundante bondad y belleza (...); y ella aprende que la base de la moral es terminar, de una vez y para siempre, con la mentira; dejar de simular que uno cree en cosas de las cuales no hay evidencia alguna».

Thomas H. Huxley, 1825-1895.
Zoólogo inglés.

Fenómenos que, *a priori*, podrían parecernos demasiado extravagantes, como la xenoglosia, las levitaciones o la lacrimación sanguificada no están, en realidad, tan lejos del tema de esta obra. Por el contrario, tienen que ver, y mucho. Es que los milagros no siempre son «limpios», es decir, no siempre se producen de una manera imperceptible: muchas veces, quienes creen tener un contacto con un santo, una Virgen o Jesús, experimentan este tipo de fenómenos. Y, en muchas ocasiones, las supuestas sanaciones vienen acompañadas de portentos como la sudoración de aceites curativos por las manos. En suma, parece que los milagros, en nuestros tiempos, no vienen solos.

Uno de los fenómenos más apasionantes y, seguramente por eso, más estudiados, es el de los estigmas. En una definición formal, podemos decir que los estigmas son marcas o señales en forma de lesión, surgidas sin origen físico aparente, que imitan cualquiera de las heridas recibidas por Jesús antes de la crucifixión. En el cristianismo, evidentemente, tienen un profundo simbolismo. Y las más frecuentes e importantes son las lesiones que reproducen las cinco llagas, las perforaciones en pies y manos y la herida de la lanza recibida en el costado.

Uno de los más famosos estigmatizados y del primero que se tiene conocimiento es San Francisco de Asís, quien a mediados de septiembre de 1124 se retiró para meditar y ayunar en el monte Alverno, cerca de Arezzo, en Toscana. A su vuelta, llevaba en su cuerpo heridas parecidas a las de Cristo en la cruz: herida de lanza en el costado, marcas de clavos en los pies y en las manos, lo que llamamos estigmas.

Sus estigmas eran de una clase que no se ha vuelto a ver posteriormente: en las heridas de manos y pies se hallaban raspaduras de carne en forma de clavos. Los de un lado tenían cabezas redondas; los del otro tenían puntas largas, que se doblaban para arañar la piel. La fiesta de los Estigmas de San Francisco se celebra el día 17 de septiembre.

Las heridas infligidas al cuerpo de San Francisco son, para la Iglesia, uno más de los milagros de la vida del santo. Él, según su biografía oficial, llegó a hacer prodigios que van desde la domadura de un lobo feroz en Gubbio con un simple signo de la cruz, hasta la sanación de enfermos. Y se dice que después de morir, su cuerpo habría comenzado a resplandecer y exhalaba perfume. Luego se le habría aparecido en 1228 al Papa Gregorio IX para mostrarle su herida al costado, llenando incluso un frasco con su sangre.

A pesar de las divergencias en los detalles, todos los relatos de sus compañeros o de los primeros biógrafos concuerdan: Francisco vio llegar, quizás mientras estaba en estado de éxtasis, a un serafín —ángel con las alas luminosas y en llamas— que parecía crucificado. Según San Buenaventura, el ángel «tenía los pies y las manos extendidos y atados a una cruz, y sus alas estaban dispuestas de tal forma que dos se extendían para volar y las otras dos le cubrían todo el cuerpo». El santo, impresionado, medita una vez más acerca de la crucifixión y ve aparecer sus estigmas. Para la Iglesia, entonces, las heridas son fruto de su amor por Cristo martirizado.

Normalmente, el fenómeno de las estigmatizaciones va precedido por muy fuertes tormentos físicos y morales, que hacen al sujeto semejante a Jesús crucificado. La falta de estos padecimientos, dice la Iglesia, es una mala señal, porque los estigmas son el símbolo de la unión con Cristo y de la participación en sus tormentos. Si alguien aparece con estigmas pero sin previos tormentos espirituales y morales e incluso físicos (que pueden haber durado varios años antes de que aparezcan estos fenómenos) pueden ser explicados, según la doctrina eclesiástica, ya sea como una falsificación, o bien como una neurosis histérica.

135

Un caso moderno

Otro de los casos más famosos es, sin dudas, el de San Pío de Pietrelcina. Francesco Forgione (1887-1968), conocido como el padre Pío, fue un enigma viviente para médicos y especialistas hasta su muerte en 1968. Ingresó a los quince años en un monasterio, y hacia el año 1915 sufrió una experiencia que marcó su vida. Tuvo una visión de Jesús cuando estaba arrodillado en un banco de la iglesia donde acababa de decir misa. Intentó explicar sus vivencias así: «Sentí como si me fuera a morir... La visión se desvaneció y advertí que mis manos, pies y costado estaban perforados y sangrando profusamente». Intentó ocultar sus heridas, pero había demasiados fieles dispuestos a corroborar lo que había sucedido ese día.

Los informes médicos de la época son estremecedores. La mayoría de los especialistas dieron cuenta de que las heridas atravesaban completamente sus manos, despedían un aroma agradable y ningún tratamiento había sido útil para curarlas. No tenían explicación alguna para el suceso, al menos en ese momento.

Los estigmas no eran la única manifestación paranormal que sufría. También padecía fortísimas hipertermias, es decir, elevadas temperaturas sin causa aparente. Y más: bilocación, sanación, don de profecía y una extraña capacidad para leer el pensamiento ajeno.

Uno de los informes médicos manifiesta el estupor de los doctores: «He examinado al padre Pío en cinco ocasiones a lo largo de quince meses y, aunque a veces he notado algunas modificaciones en las lesiones, no he conseguido clasificarlas en ningún orden clínico conocido. Creo que incluso se podría ver cualquier objeto o leer un texto colocado al otro lado de su mano».

Su persona estuvo rodeada de una aureola de santidad, pero también sufrió la incomprensión de sectores de la

Iglesia que le calificaron de lunático e intrigante. Ello le valió varias investigaciones por parte del Vaticano, que le llegó a prohibir durante varios años oficiar misas públicas. La «rehabilitación» le llegó cuando el Papa Juan Pablo II se postró en oración ante su tumba. Se cuenta que cuando se confesó con él en 1947, el fraile le profetizó que sería elegido Papa y que sufriría violencia física.

Además de los milagros que lo llevaron a la beatificación y luego a la canonización, los fieles le atribuyen cientos de hechos portentosos, especialmente sanaciones. El más conocido, entonces, es la curación inexplicable para la ciencia de un niño de siete años, Matteo Pío Colella, hijo de un médico de San Giovanni Rotondo, en coma irreversible por una meningitis fulminante. En un acto de desesperación de sus padres, seguidores del padre Pío, el niño fue llevado a la celda en la que vivió el capuchino, y su salud comenzó a mejorar rápidamente hasta su total curación.

El pequeño contó después, tras salir del coma, que un hombre con barba blanca se le acercó a la cama y le dijo que no se preocupara, que se curaría. Muchos creen que ese hombre era el padre Pío.

También en el siglo XIX

Los casos de dos monjas franciscanas, María de Moerl (1812-1868) y Luisa Lateau (1850-1883) pueden sernos útiles para ejemplificar cómo se daba, en el siglo XIX, el fenómeno de los estigmas. La primera se crió en Kaltern, en el Tirol, hasta que a los veinte años comenzó a experimentar éxtasis, que se sucedieron durante los siguientes treinta y cinco años de su vida. Ella únicamente se liberaba de esa situación ante las órdenes, en ocasiones simplemente mentales, del franciscano que hacía las veces de director espiritual, para volver a las labores hogareñas de su casa que albergaba a una gran familia. Normalmente, se arrodillaba sobre su cama, con las manos cruzadas sobre el pecho, con una expresión tal en el rostro que impresionaba profundamente a los espectadores. A los veintidós años recibió los estigmas. Los jueves por la tarde y los viernes, los estigmas derramaban sangre muy clara, gota a gota, que permanecía seca los demás días.

Luisa Lateau pasó su vida en el poblado de Bois d'Haine, en Bélgica (1850-1883). Su caso, a pesar de que con el tiempo fue aceptado, sufrió los cuestionamientos de incluso algunos católicos. A los diecisiete años se dedicó a atender en su parroquia a los enfermos de cólera que habían sido abandonados por la mayoría de la población. Durante un mes ella los cuidó, los enterró y, en ocasiones, hasta los hubo de cargar al cementerio. A los dieciocho años empezaron los éxtasis y aparecieron los estigmas, lo cual no impidió que siguiera manteniendo a su familia con su trabajo como costurera. Sus dolorosos éxtasis se producían los viernes. Y, según cuenta la tradición, durante doce años ella no tomó ningún alimento, excepto su comunión semanal, y le bastaban tres o cuatro vasos de líquido a la semana. Se dice, también, que en vez de dormir, pasaba las noches en oración y contemplación, hincada a los pies de su cama.

En todas las épocas

Después de Francisco de Asís, otros santos de la Iglesia Católica recibieron estigmas. Se trata esencialmente de mujeres. Algunos casos son sólo leyenda. Así por ejemplo, podemos señalar el de Margarita de Hungría (1243-1270), representada en los cuadros como estigmatizada, aunque no exista ningún texto al respecto que atestigüe que, realmente, ella presentaba heridas de este tipo. Otros casos sí han sido testimoniados, como el de Verónica Giuliani

(1660-1727), una religiosa italiana muy vigilada por su orden: llevó sus estigmas durante treinta años y, al morir, la autopsia reveló que su corazón estaba atravesado de un lado a otro, «como por una lanza».

Sin embargo, no todos los estigmas producen las heridas de Cristo, y no siempre sangran. Santa Catalina de Siena comenzó teniendo estigmas visibles pero se cuenta que, por humildad, oró para que le fueran cambiados por unos invisibles. Su oración fue escuchada.

Santa Catalina de Ricci, una monja dominica florentina del siglo XVI, fue una de las pocas estigmatizadas completas: en su caso las marcas se daban simultáneamente. Durante doce años, entre el jueves y el viernes, presentaba las cinco llagas, la corona de espinas, los azotes y el estigma del hombro. Ella tenía apariciones de estigmas periódicos desde que sus éxtasis empezaron, cuando tenía veinte años (1542). La Bula de su canonización afirma que se repitieron por doce años con puntual regularidad. Los éxtasis duraban exactamente veintiocho horas, desde el mediodía del jueves hasta las cuatro de la tarde del viernes, con una interrupción para que la santa pudiera recibir la Santa Comunión. Catalina conversaba en voz alta, como quien escenifica un drama. El drama estaba dividido en diecisiete escenas. Al volver del éxtasis, la santa aparecía con sus extremidades cubiertas de heridas causadas por látigos, cuerdas, etc.

Rita de Cascia (1381-1447) tenía una herida en la frente, que apareció en su rostro en el momento en que asistía en estado de éxtasis a una prédica en la iglesia franciscana de su ciudad. Ana Catalina Emmerich es otra de las estigmatizadas famosas, conocida por sus éxtasis y sus predicciones: a ella le apareció, el 28 de agosto de 1812, en Westfalia, una cruz ensangrentada marcada en el pecho.

Una estadística impresionante

La cantidad de estigmatizados en la historia de la Iglesia católica (la única en la que se dan) es demasiado abultada para pasarla por alto. Desde el siglo XIII, cuando se produce la primera que se conoce (la ya mencionada de San Francisco de Asís), se reportaron cientos de estigmatizados, entre los que hay sesenta y dos santos o beatos, es decir, hombres o mujeres que la Iglesia reconoció que habían obrado milagros en su vida o después de su muerte.

Entre ellos, podemos mencionar a:

San Francisco de Asís (1182-1226).
Santa Lugarda (1182-1246), monja cisterciense.
Santa Margarita de Cortona (1247-1297).
Santa Gertrudis (1256-1302), benedictina.
Santa Clara de Montfalco (1286-1308), agustina.
Santa Ángela de Foligno (fallecida en 1309), franciscana.
Santa Catalina de Siena (1347-1380), dominica.
Santa Liduvina (1380-1433).
Santa Francisca Romana (1384-1440).
Santa Rita de Casia (1386-1456), agustina.
Santa Catalina de Génova (1447-1501), franciscana.
Beata Bautista Varani (1458-1524), clarisa.
Beata Catalina de Racconigi (1486-1547), dominica.
Santa Catalina de Ricci (1522-1589), dominica.
Santa María Magdalena de Pazzi (1566-1607), carmelita.
Beata (Santa,) Mariana de Jesús (1557-1620), terciaria franciscana.
Beata María de la Encarnación (1566-1618), carmelita.
Beato (San) Carlos de Sezze (fallecido en 1670), franciscano.
Beata (Santa) Margarita María Alacoque (1647-1690), visitandina.

Santa Verónica Giuliani (Julianis, en español, N.T.) (1660-1727), capuchina.

Santa María Francisca de las Cinco Llagas (1715-1791), franciscana.

Algunas leyendas aseguran que el apóstol Pablo experimentó el fenómeno, pero lo cierto es que todavía no se ha podido comprobar. El último caso reconocido por la Iglesia católica es el del padre Pío, que falleció en 1968. Decenas de probables casos posteriores han recibido un tratamiento marcado por una tradicional prudencia que evita pronunciamientos. Cada confirmación de fenómenos sobrenaturales, en general, suele tardar décadas en ser reconocido. La Enciclopedia del Catolicismo Harper Collins señala que en muy raras ocasiones la Iglesia ha validado una estigmatización como auténtica. Además, dentro del catolicismo es casi imposible encontrar una definición tajante acerca de su origen o naturaleza.

De hecho, en el curso de los procesos de canonización, los estigmas no han sido tomados en consideración como señales sobrenaturales: para el Tribunal eclesiástico, el valorar la santidad no debe medirse por la aparición de los estigmas, que sólo deben considerarse como una manifestación inexplicable. Sin embargo, la Iglesia suele distinguir entre estigmas divinos y estigmas diabólicos, dependiendo de la santidad del protagonista del fenómeno en cada caso o de la vida que ha llevado, al igual que de las características que rodean el fenómeno al momento de manifestarse.

Los estigmatizados de hoy

Además de los sesenta y dos reconocidos por la Iglesia, hay centenares de personas, sobre todo mujeres, que muestran a quien quiera ver sus estigmas. En muchos casos, las investigaciones periodísticas han desenmascarado tremendos fraudes, en los que los supuestos estigmatizados se infligían las heridas con objetos punzantes. Pero, en el mundo, hay muchas personas que realmente sienten que están en comunión con Jesús, expiando los pecados de la humanidad con sus sufrimientos. Aunque más adelante hablaremos de la interpretación científica y psicológica de estos sucesos, es interesante evaluar cómo se producen estos «milagros» hoy día.

Los casos actuales tienen varios puntos en común, que pueden resumirse en el caso de una estigmatizada de Puerto Rico que, además de tener una cruz en su cabeza que sangra, también posee una Biblia que suda aceite (con el que realiza curaciones milagrosas cuando entra en trance), y sus ojos expulsan vidrios cuando ora.

Se trata de la misionera Ana Luz Hernández. Es una mujer humilde que sufrió de polio, ceguera, cáncer, y otras tantas enfermedades. Es una mujer casada con tres hijos, cuyo ministerio se llama «Proclamando Señales y Milagros del Dios Altísimo». Actualmente es Reverenda de la Iglesia Betania en el Barrio Barrasas de Carolina, Puerto Rico, y en el sótano de su casa recibe a los enfermos que van en busca de sanación.

Cuenta Ana Luz que de pequeña le dio polio y eso hizo que le afectara su vista. Ha sufrido 51 operaciones, de las cuales 15 han sido en sus ojos. Cuando le hicieron la operación número 14, le encontraron cáncer en sus ojos y en la parte izquierda de su cabeza. Tratando de curarle su cáncer ha sido sometida a quimioterapia y radioterapia.

En 1990, cuando los médicos ya no le daban esperanzas de vida, decidió irse a casa de su hermana a Estados Unidos para operarse el tumor. Se suponía que entrara al hospital el 6 de julio, pero la cita fue cancelada y pospuesta para el día 22. Esa cita también fue cancelada. Asegura que cuando ya estaba muy débil, la noche del 21 de julio de 1990, se acostó orando a Dios que si era su voluntad, la operaran. Cuenta que de madrugada oyó una voz. Al abrir los ojos notó que ella estaba en su cama pero que su cuerpo estaba totalmente anestesiado. Estaba consciente de todo pero no podía moverse. Imploró a Dios: «Señor, si es tu voluntad ayúdame a levantarme de la cama porque no puedo». Poco a poco pudo levantarse, fue al baño, se tiró de rodillas al piso y comenzó a aclamar a Dios. Se levantó, se lavó la boca y se fue a bañar. Allí notó que sangraba, y encontró que en su cabeza había una herida en forma de cruz. Desde entonces, cuando esa herida comienza a sangrar dura de uno a dos días abierta. En ese momento decidió no ir al hospital a operarse y regresó a Puerto Rico.

Ya en Puerto Rico, decidió ir al Hospital IMAS. El doctor que la atendió le vio la cruz en la cabeza (la cual estaba sangrando), le pidió permiso para tomarle placas. Las placas revelaron que ya el tumor no estaba.

Pero eso no es todo. Ana Luz tuvo dos accidentes, que le provocaron que pequeños trozos de vidrio se incrustaran en sus ojos, aunque sin hacerle daño. A los pocos meses, mientras oraba por un enfermo, empezó a expulsar vidrios por sus ojos. Ella dice que «Dios hace esos milagros para que la humanidad sepa que Él existe».

En otras ocasiones cuando ora le sale aceite de sus manos, y con ese aceite unge a los enfermos. Tres años después de que comenzara ese fenómeno, el prodigio se extendió a su Biblia. Cuenta que un día fue con dos amigas a la casa de una familia en la que el esposo estaba enfermo de SIDA. Mientras ella estaba orando por el hombre pidió a Dios, esperando que de sus manos saliera el aceite para ungir al hombre y tratar de salvarlo, que hiciera un milagro que todos pudieran ver y palpar. Mientras oraba escuchó una voz en sus oídos que le dijo: «Abre tus ojos y contempla mi escritura». Ella los abrió, miró a la Biblia, y vio que de ella salían burbujas de aceite. Desde ese día, su Biblia suda aceite, con el que cura.

Los estigmas y la ciencia

Una de las características principales de los estigmas es que generalmente se manifiestan en sujetos entregados a una vida intensamente espiritual y sumamente mística. Suelen ser personas de profunda religiosidad, obsesionadas por las llagas de Cristo y por sufrir su dolor. Partiendo de este punto, los científicos han comenzado a plantearse hipótesis acerca de la causa de que se produzcan estas marcas corporales.

Desde la medicina, pero sobre todo desde la psiquiatría, se ha arriesgado que tal vez los profundos estados de éxtasis que se producen durante las meditaciones podrían generar una situación de autosugestión capaz de somatizar la experiencia psíquica. A lo largo de la historia, ha existido un debate en cuanto al origen milagroso, paranormal podríamos decir, o psicosomático de este fenómeno.

Suelen distinguirse dos tipos de estigmas: las heridas invisibles son aquellas cubiertas gracias a la intervención divina para el bienestar del estigmatizado, mientras que las visibles suelen aparecer en las palmas de las manos, pies, costados y cabeza, desapareciendo algunas veces luego de varias horas. En algunos casos pueden presentarse, como mencionábamos, en una sola área, mientras que los casos más sorprendentes son aquellos en los que se hacen visibles todas las marcas en las distintas zonas.

Además del sangrado, es bastante común que la debilidad o la depresión precedan al período inmediatamente anterior a la aparición de los estigmas. Un hecho curioso de este fenómeno es que su aparición suele corresponderse con la pasión de Cristo durantes los días de la Semana Santa, desapareciendo una vez terminadas estas fechas.

Pero los estigmas no son heridas corporales usuales, ya que la sangre parece emanar a través de la piel, se producen abundantes hemorragias que no tienen explicación debido a que estas heridas se encuentran a flor de piel, lejos de los grandes vasos sanguíneos. Otra características es que no se deterioran en la forma usual de las heridas comunes, no supuran, la sangre es limpia y pura, y tampoco se curan por remedios ordinarios ni son susceptibles de tratamiento médico.

Muchos estigmatizados reportan visiones de Cristo y ángeles, conversaciones con Dios o algún personaje de la religión católica, así como la percepción de extraños olores. Una de las tantas teorías que intentan explicar el origen de los estigmas es la idea de que los estigmatizados se hallan psíquica y emocionalmente unidos a sus creencias religiosas y a los estados mentales que experimentan durante el éxtasis. De esta forma es posible que su mente influya sobre sus organismos hasta el punto de provocar heridas sangrantes que se corresponden con su fe en Cristo.

«En toda la fenomenología típica de los estigmatizados no se puede excluir la aportación de los mecanismos inconscientes y psicodinámicos que pueden ser también activados por medio del histerismo o de la hipnosis», señala el psicólogo Juan Dalmau. En muchas ocasiones se ha probado que los estigmas pueden ser inducidos mediante hipnosis, la cual permite adormecer nuestro estado consciente, dejándonos vulnerables a cualquier sugestión.

La autohipnosis es básicamente lo mismo, excepto por el hecho de que la persona se induce a sí misma ese estado en lugar de ser otra persona quien lo provoque. Son los estados de éxtasis que ocurren en los arrebatos religiosos de los estigmatizados los que llevan a algunos a considerar que los coloca en un estado autohipnótico que haría surgir el fenómeno en sí mismo. En tal sentido la explicación psiquiátrica de los estigmas como fenómeno originado en la histeria o en la hipnosis, puede presentar aspectos plausibles, una sintomatología convergente aunque no siempre capaz de explicar toda la complejidad del fenómeno.

Así pues, las posturas más ortodoxas suelen rechazar la intervención divina, aludiendo también que las llagas de las manos se presentan en lugares incorrectos. El examen de cuerpos de hombres que fueron crucificados demuestra que los brazos eran clavados a la altura de las muñecas. Si los clavos hubieran sido insertados en las palmas de las manos, la carne se desgarraría. Es por ello que la postura más radical es la que niega el fenómeno tratándolo sencillamente de impostura y considerando como explicación que los pacientes se causen las heridas a sí mismos, fraudulentamente o en estado de inconsciencia.

Sin embargo, la simulación no es la causa de todos los casos. La mayoría de los médicos y científicos que han estudiado casos de estigmatizados, están convencidos de su autenticidad, y es que si bien se desconoce el origen de estas heridas, se tienen pruebas de la realidad del fenómeno.

Se puede considerar que la parte esencial de los estigmas visibles consiste en el sufrimiento. «Lo sustancial parece ser sentir piedad por Cristo, participar en sus sufrimientos, en sus aflicciones, y —con ello— en la expiación de los pecados que sin cesar se cometen en el mundo. Si el padecimiento estuviera ausente, las heridas se convertirían en un símbolo vacío, en una representación teatral, que sólo conducirían al orgullo. Si los estigmas verdaderamente vienen de Dios, sería impropio de su sabiduría tomar parte en esa mascarada, y hacerlo a través del uso de milagros», argumenta Marisa Benovart, experta en simbología.

Las reliquias sagradas

Los milagros, en la Iglesia católica, no vienen dados solamente a través de santos y vírgenes. Sus reliquias, después de muertos, también parecen tener el mismo poder. Sobre todo, son consideradas capaces de obrar sanaciones por el simple contacto, o por orarles en su lugar de veneración.

Las «reliquias» son restos humanos y vestimentas de los santos, y por lo tanto ornamentos del culto sagrado y objetos de piedad. En la historia eclesiástica hay muchos ejemplos de reliquias. En la Biblia se encuentra el rastro de muchos de ellos. Por ejemplo, el callado del patriarca Jacob (Heb. 11,21); los restos mortales de José que fueron llevados desde Egipto hasta Siquem para que fueran sepultados en la Tierra Prometida (Gén. 50,25; Éx. 13,19; Josué 24,32; Heb. 11,22). También tenemos en el Antiguo Testamento que a Moisés Dios le promete que con su vara hará cosas asombrosas (Éx. 4,17), como sucedió ante los ojos del faraón Ramsés II (Éx. 7,9-12), con las plagas de Egipto (Éx. capítulos 7-8), cuando abrió en dos el Mar Rojo (Éx. 14,16), cuando hizo brotar agua de las rocas en el desierto del Sinaí (Éx. 17,5-6), y en la guerra contra los amalecitas (Éx. 17,9). Dios hace brotar el bastón de Aarón y ordena que lo coloquen dentro del Arca de la Alianza (Núm. 17,7-10). También se cuenta que en cierta ocasión unos israelitas estaban enterrando a un hombre, arrojándolo a la tumba de Eliseo, pero tan pronto el cadáver rozó los huesos del profeta, resucitó y se puso de pie (II Reyes 13,20-21).

La vida pública de Jesús también tiene ejemplos de este tipo. Más allá de los milagros que obró expresamente, también hay otros relacionados con objetos que le pertenecían. Así, una mujer que desde hacía doce años estaba enferma con derrames de sangre, se curó instantáneamente al tocarle el borde de su túnica (Mat. 9,20-22). Y sucedió lo mismo con los enfermos de Genesaret (Mat. 14,34-36). Por su parte, «Dios hacía grandes milagros por medio de Pablo, tanto que hasta los pañuelos o las ropas que habían sido tocadas por su cuerpo eran llevadas a los enfermos, y éstos se curaban de sus enfermedades, y los espíritus malignos salían de ellos» (Hechos 19,11-12).

El enorme desarrollo de las curas mediante los milagros y el fetichismo dentro de la Iglesia, que comenzó con la religión misma, no se detuvo. Continuó siglo tras siglo, e incluso llega hasta nuestros días. La creencia de que los santos pueden obrar milagros, especialmente curaciones, ha llevado a una enorme veneración hacia las reliquias de los mártires cristianos.

Sobre todo en la Edad Media, cuando el furor por las reliquias alcanzó límites impensables, los reportes del uso de reliquias para curar enfermedades se cuentan por cientos. Cada santo (y sus correspondientes restos o pertenencias) servían para una dolencia particular. Por ejemplo, se cuenta que el agua por la que había pasado un simple cabello de un santo, mojado en agua era usado como purgante; el agua en la que había estado el anillo de San Remigio curaba la fiebre; el vino en el que habían estado los huesos de un santo curaba la locura; el aceite de una lámpara que fue prendida ante la tumba de San Galo curaba los tumores. San Valentino curaba la epilepsia; San Cristóbal, las enfermedades de la garganta; San Eutropio, la hidropesía; San Ovidio, la sordera; San Gervasio, el reumatismo; San Apolonio, el dolor de muelas. Incluso en 1784 encontramos a ciertas autoridades en Bavaria ordenando que cualquiera que hubiera sido mordido por un perro con rabia debía de inmediato rezar en el altar de San Huberto.

Algunas sanaciones, vistas desde una perspectiva actual, van en contra de todo principio de salubridad. En el siglo XII, por ejemplo, se le dio de beber a un inválido del agua en la que se lavó las manos San Bernardo. Las flores que habían reposado sobre la tumba de un santo, dejadas en remojo en agua, eran consideradas como especialmente eficaces para varias enfermedades.

Las anécdotas relacionadas con sanaciones producidas por las reliquias se contaban incluso en los púlpitos. Muchas de estas historias fueron recolectadas por el Arzobispo Jacques de Vitry para ser usadas por predicadores. Una de ellas relata: «Dos mendigos vagos, uno ciego, el otro rengo, tratan de evitar acercarse a las reliquias de San Martín, llevadas a través de una procesión, para así no ser curados y poder seguir pidiendo limosnas. El ciego sube al rengo sobre sus hombros para guiarlo, pero quedan atrapados por la muchedumbre y resultan curados en contra de sus voluntades».

Prácticamente ningún país europeo escapó a esta costumbre. Todos tenían su larga lista de santos, y con ellos, una buena colección de reliquias capaces de lograr hasta lo más increíble. Lo más llamativo, con todo, es que aunque la medicina iba avanzando y se iban encontrando algunas curas científicas, tanto el clero como el pueblo seguían apostando por sus santos y sus reliquias. Incluso, se llegaban a mezclar los métodos, hasta el punto de asegurar, cuando un enfermo se curaba, que la mejoría no era sólo gracias a los remedios, sino también a las reliquias relacionadas con el caso.

Una característica que parece verificarse en todos los países es que existían ciertas «modas» con respecto a las reliquias milagrosas. A veces, estaba en boga determinado santo con una cura específica, hasta que pasaba en parte al olvido, reemplazado por otro, a quien en algún momento también se le acabaría la exclusividad. Podemos ver las reliquias de San Cosme y San Damián plenamente de moda durante la temprana Edad Media, pero obsoletas y carentes de eficacia tiempo después.

Algo similar ocurrió con los huesos de San Luis, que hicieron furor en el siglo XIII gracias a la cantidad de milagros que parecen haber obrado, pero que un siglo más tarde ya no parecían ser tan eficaces. Quedaron un poco relegados, y fueron reemplazados para la veneración por las reliquias de San Roque en Montpellier y de Santa Catalina de Siena, las que a su turno operaron muchas curas hasta que también se vieron desactualizadas y le cedieron el paso a otros santos. Así, en los tiempos modernos, los milagros sanadores de La Salette han perdido prestigio en alguna medida, y aquellos relacionados con Lourdes se han puesto de moda.

Incluso los asuntos serios como las fracturas, los cálculos y el parto dificultoso, en donde la ciencia moderna ha logrado algunos de sus mayores triunfos, fueron entonces tratados mediante las reliquias. Aún hoy, cuando se supone que la sociedad está altamente a favor de la ciencia, se ven los *ex votos* colgando de los altares de Santa Genoveva en París, de San Antonio de Padua, de la imagen Druida en Chartres, de la Virgen en Einsiedeln y Lourdes, de la fuente en La Salette.

Las fuentes, arroyos y manantiales de agua sagrada han sido, y siguen siendo, parte de este culto. En general, están bendecidas (o incluso manaron) gracias a la intervención divina a través de una Virgen o un santo. Claro que la cantidad de agua bendita que hubo y hay todavía hoy en Europa parece un poco excesiva. En Irlanda, por ejemplo, casi no hay parroquias donde no hayan tenido semejantes centros sagrados; en Inglaterra y Escocia ha habido muchos. En todas partes de Europa el lugar piadoso para los bienes y fuentes continuó tiempo después de terminada la Edad Media, y no ha cesado totalmente hasta el día de hoy.

Sin embargo, como hemos venido señalando a lo largo de este libro, la Iglesia no ha reconocido más que unos pocos milagros de curación. A pesar de que se han reportado decenas o cientos de ellos, muchos no han podido ser demostrados por la ciencia en las investigaciones que se han hecho a pedido del Vaticano. En La Salette, incluso, dos investigaciones judiciales diferentes han mostrado algunos milagros empañados por el fraude.

Existe todavía una pequeña duda respecto de que la gran mayoría de las curas provenientes de fuentes e incluso del santuario, tal cual se han manifestado, hayan resultado de una ley natural. Sin embargo, la creencia en ellas está basada en un argumento honesto de las Escrituras. El argumento teológico era simplemente este: si el Todopoderoso se dignó a resucitar al muerto que tocó los huesos de Elisha, ¿por qué no debería volver a la vida al paciente que toca en Cologne los huesos de los Reyes Magos que siguieron la estrella de la Natividad? Si Naaman se curó sumergiéndose él mismo en las aguas del Jordán, y muchos otros introduciéndose en las aguas del Siloam, ¿por qué todavía no deberían curarse los hombres en charcos o lagos? Si un hombre enfermo fue revivido por tocar las ropas de San Pablo, ¿por qué no podría recobrarse otro enfermo tocando la Sábana Santa de Cristo?

Aunque los milagros relacionados con las reliquias siguen vigentes, lo cierto es que la devoción parece no ser tan truculenta hoy como antaño. En otros tiempos, especialmente en la Edad Media, los cristianos han adorado casi cualquier cosa que se relacionara con un santo. Desde la cabeza de San Juan Bautista, que fue decapitado, hasta uñas o cabellos de santos. De la cruz en que fue clavado

Jesús aparecieron tantas astillas a lo largo de los siglos, que ya se podría cargar un contenedor con todas ellas. Se cuenta que los Templarios llegaron a tener en su poder la corona de espinas, y todavía es un misterio el destino del Santo Grial y el de la Sábana Santa, el manto que cubrió a Jesús en su tumba, antes de resucitar.

Hoy, sin embargo, todavía hay algunas adoraciones curiosas. La medalla de San Benedicto, por ejemplo, se considera con un alto poder curativo, y se dice que un vaso de agua contaminado o envenenado se neutraliza al introducir la medalla al líquido. También hay muchos dientes de santo repartidos por las distintas iglesias cristianas no protestantes. Hoy, en el siglo XXI, se venden reliquias y relicarios (cajitas donde se conservan los fetiches) hasta en Internet. Así, uno puede adquirir un relicario portátil *Agnus Dei*, bendecido por el Papa. El sitio católico oficial de Internet que lo vende promete protección al usuario contra las tempestades, rayos, fuego, agua, demonios y pestilencias.

En algunas iglesias se pueden encontrar reliquias preciosas, como la que contiene la cabeza de Santa Catalina de Siena. El cadáver de esta santa fue desmembrado, y el pedazo más grande fue enterrado en Roma, en la iglesia de Minerva, donde hoy día puede visitarse su cuerpo (sin cabeza) que yace bajo el altar tras un panel de cristal. Su cabeza está en la Iglesia de Santo Domingo en Siena. Un dedo y sus instrumentos de tortura se encuentran en el museo de la misma ciudad.

Y hasta los Reyes Magos tienen su sitio en esta constelación de reliquias. La Cathedral Polytych de Cologne posee un relicario que contiene los huesos de los tres Reyes Magos. Adorados durante el Oscurantismo, todavía hoy atraen a miles de peregrinos cristianos.

Capítulo VIII
¿QUIÉN O QUÉ LOS PRODUCE?

«He de confesar que, por desgracia, pertenezco a aquellos individuos a cuyos ojos ocultan los espíritus su actividad y de los cuales se aparta lo sobrenatural, de manera que jamás me ha sucedido nada que haya hecho surgir en mí la fe en lo maravilloso».

Sigmund Freud, 1856-1939.
Neuropsiquiatra, psicoanalista austriaco.

«Examinen ustedes algunos fragmentos de pseudociencia y encontrarán un manto de protección, un pulgar que chupar, unas faldas a las que agarrarse. ¿Y qué ofrecemos nosotros a cambio? ¡Incertidumbre! ¡Inseguridad!»

Isaac Asimov, 1920-1992.
Escritor y divulgador científico.

A lo largo de los capítulos precedentes hemos intentado definir algunos aspectos referentes a los milagros, y así hemos dado definiciones, hemos recorrido su historia, su presencia en las religiones, sus diversas manifestaciones, etc. Y, aunque nos hemos ido acercando poco a poco a la cuestión, todavía falta dilucidar un aspecto fundamental. Es, nada menos, buscar la causa, el origen de los milagros. ¿Cómo es que un milagro llega a producirse? ¿Hay un ser superior, ya sea Dios, el Cosmos o alguna inteligencia extraterrestre,

MISTERIOS DE LA HISTORIA

encargado de realizarlos? ¿O la mente humana es capaz, con sus infinitos vericuetos, de producir prodigios como los que hemos estado viendo a través de esta obra?

La respuesta que cada uno dé a esta cuestión depende, en buena medida, del paradigma al que se adscriba. Es decir, un cientificista probablemente dará una respuesta desde la medicina o la psiquiatría, o incluso apelará a la teoría del inconsciente colectivo. Pero, seguramente, descartará la hipótesis de que seres de otros mundos tengan algo que ver en la cuestión, una hipótesis que seguramente sostendría un apasionado de los ovnis. Algo similar ocurre con las personas católicas: si bien algunos creen en los milagros más que otros, todos tenderán a atribuir la causa última a Dios.

En estas páginas no pretendemos dar una conclusión tajante. El misterio de los milagros, en este punto, no tiene una única solución, sino varias. Incluso, es factible que unas cuantas de las respuestas posibles puedan actuar en conjunto, es decir, que los milagros tengan múltiples causas, que actúan al mismo tiempo para producir un prodigio. Por ejemplo, alguien que cree en Dios, seguramente verá en él al hacedor de milagros, pero tal vez no descarte a las personas, en el sentido de que si el hombre no tiene fe (o, como se podría decir desde otra perspectiva, si no centra sus energías), difícilmente pueda percibir un milagro.

Dios milagroso

La idea de que es Dios quien está detrás de cualquier milagro que ocurra es la más extendida. Sin importar de qué religión estemos hablando, podemos afirmar que en cualquiera que se acepte la posibilidad de que los milagros existan, seguramente pondrá como causa última a Dios. En los preceptos de la religión católica (donde el milagro es más cotidiano) encontramos esta idea muy clara. Por ello,

154

nos centraremos en ella, de manera de tener una idea de cómo Dios puede ser el autor de todos los milagros.

En el catolicismo, el gran hacedor de milagros es, sin duda, Jesús. Si bien se considera que antes de él hubo otros capaces de producirlos (como Moisés, por ejemplo), la vida pública de Jesús está plagada de prodigios, que se interpretan como las señales de Dios para señalar al elegido, y para que la gente crea en él. Jesucristo demostró con sus milagros que lo que decía era verdad, porque en la concepción cristiana sólo con el poder de Dios se pueden hacer milagros. El milagro supera las leyes de la naturaleza, y esto sólo puede hacerse con el poder de Dios.

Jesús insistía: «Si no creéis en mis palabras, creed en mis obras. Mis obras dan testimonio de Mí». Y también leemos en la Biblia: «Si no hubiera hecho entre ellos obras tales, cuales ningún otro ha hecho, no tendrían culpa». Jesucristo aludía a los milagros que hacía para que creyesen en él.

En la concepción católica, el milagro es una obra, un hecho visible y perceptible por los sentidos, que supera las fuerzas de la naturaleza, y que se hace por Dios, ya sea de manera directa o a través de los ángeles o de los hombres. Pero Dios, en última instancia, se supone que hace los milagros con el mismo fin: como un signo de salvación. El milagro es el sello de Dios. La fuerza del milagro estaría en que Dios es el único que puede cambiar las leyes de la naturaleza.

Por otra parte, los milagros ayudan a la fe, pero no la fuerzan, pues el acto de fe debe ser libre. Tal vez por eso, los únicos milagros que son dogma de fe son los que cuentan las Sagradas Escrituras, mientras que los actuales, los que se produjeron más tarde, no lo son: cada fiel es libre de creer en ellos o no.

Así, la Iglesia también diferencia los milagros de los prodigios. Un prodigio puede ser obra de un prestidigitador o un fenómeno parapsicológico. Un prestidigitador que se saca palomas de la manga, o un radiestesista encontrando manantiales de agua no tienen nada de milagroso. Se trata de trucos, habilidades, cualidades excepcionales. Pero nada de esto supera las leyes de la naturaleza. El milagro es, entonces, un rompimiento de las leyes de la naturaleza, y producido en un contexto religioso.

Dios, al ser la energía creadora, tiene la capacidad de actuar sobre la naturaleza y modificarla o, mejor dicho, obrar lo que considera más conveniente sobre su propia creación. La negación de los milagros no tiene valor alguno, dentro de esta hipótesis. Es decir, si se considera que lo que cuentan los Evangelios es cierto, y que Dios es todopoderoso, no tiene sentido intentar demostrar por otros medios, como la medicina, cómo se produce un milagro. La fuerza de Dios y, a través de él, de Jesús, está en que confirmó su doctrina con milagros que, justamente, provienen de su propia fuerza. Al exceder a todo poder humano serían una confirmación divina.

Para algunas iglesias cristianas, los milagros son considerados como una irrupción de la fuerza de Dios que sana, que despierta unas energías dormidas, de manera de reunir al ser humano con Dios. Por eso, la fe es tan importante: pedir una curación sin fe no tendría sentido. Así, los milagros no estarían realizados sólo para sanar a los enfermos, sino principalmente para suscitar la fe en los que son curados y fomentar la esperanza.

Del inconsciente

La relación entre la mente y el cuerpo, o la mente y la materia, es de cabal importancia si buscamos una causa para los milagros. ¿Por qué? Pues porque son muchos los que encuentran, para estos fenómenos sobrenaturales, respuestas que tienen más que ver con lo humano que con lo divino. La mente, específicamente el inconsciente, ya sea individual como colectivo, puede estar relacionada con los milagros, y no porque sea capaz de «producirlos» físicamente. En este sentido, haremos un breve repaso por conceptos fundamentales explicitados por Sigmund Freud y por Carl Gustav Jung, que nos pueden ayudar a entender el fenómeno de los milagros.

Ellos se refieren a la relación del individuo con su entorno. Jung, discípulo de Freud, se destaca por haber intentado interpretar lo inconsciente en función de la naturaleza espiritual del hombre. Es uno de los primeros autores que no trató la cuestión de la experiencia religiosa simplemente como epifenómeno, como sublimación, o como un síntoma que debe diagnosticarse, sino como parte válida y auténtica de la personalidad. El contacto con los hechos religiosos, la íntima relación entre el individuo y las experiencias básicas de la realidad de lo vital, eran para Jung de primordial importancia en la formación y desarrollo del ser humano.

La solución que Freud brindó al problema mente-cuerpo o, mejor dicho, mente-materia es unidireccional. Él consideró que la mente (psique) afecta la vida privada del propio individuo, que modifica también la capacidad del mismo para percibir la realidad, pero que de ninguna manera podría influir en los acontecimientos físicos exteriores de la persona. Esta creencia de que la mente puede influir en los acontecimientos externos es, para Freud, más propia del paciente paranoico que del individuo normal.

La forma de enfrentar este asunto representa todo un hito para el pensamiento científico-filosófico de la época. Es la manera más original y completa de abordar la subjetividad humana y su relación con la vida «cotidiana» de cada individuo. Hasta entonces, sólo existían dos formas de comprender el fenómeno: una espiritista, proveniente de tradiciones antiguas pero muchas veces incomprendidas y por lo tanto mal aplicadas, y otra forma científica, correspondiente a la linealidad del pensamiento físico newtoniano. La primera de ellas, la espiritista, creía en una influencia decisiva de lo inmaterial (mentalismo) sobre lo material. La segunda hacía caso exclusivo a la suma material de esfuerzos para producir cambios.

Así, el psicoanálisis se erigiría como todo un paradigma. Explicaba los fenómenos humanos a partir del individuo y de su compleja vida psíquica. Así, encontraba sentido a sus interacciones, los productos y resultados, incluso aquellos relacionados con el misticismo, como la creencia en milagros. Freud deja claro que lo psíquico afecta la vida personal (psíquica) de cualquier individuo «normal». Sin embargo, esto no implicaría que la actividad psíquica de una persona pueda modificar la realidad exterior. En otras palabras, cree en la causalidad interior y en la casualidad exterior.

A partir de este punto es donde surgen las divergencias más palpables con la teoría de uno de sus seguidores, C. G. Jung. Freud interpreta todo lo que tiene que ver con la mitología como un desplazamiento y proyección en el mundo exterior. Considera que cuando los hombres empezaron a pensar comenzaron a interpretar con una visión antropomórfica el mundo exterior con una pluralidad de personalidades de su propia imagen. Jung, por su parte, introduce una serie de conceptos que le permiten proponer una «unidad» entre la materia y la psique.

Para él, psique y materia son el mismo fenómeno, podríamos decir que uno observado desde dentro y otro desde fuera. Por esto, a diferencia de Freud, Jung sí considera que el pensamiento o actividad psíquica del individuo pueda tener efectos en la realidad exterior. Esta cuestión la han

abordado actualmente los físicos cuánticos y epistemólo-
gos cualitativistas, que comenzaron a considerar la influencia del observador en lo observado, ya sea un organismo
vivo o un estado inerte.

Freud es tajante y claro cuando sugiere que la distinción
entre el desplazamiento del paranoico y del supersticioso es
menor de lo que a primera vista parece. El mecanismo que
al paranoico le hace creer que su pensamiento influye en la
realidad, es el mismo que al supersticioso le permite pensar
que la responsabilidad de sus actos no le pertenece realmente a él, por lo cual expía sus culpas en el otro. Así, queda explícita su postura ante los fenómenos metafísicos. La
percepción de éstos no es más que proyecciones y despla-
zamientos de la vida psíquica de quien los vive. Mientras,
considera que la posibilidad de que le mente individual
cambie o modifique la realidad está más cercana a la psico-
patología del delirio que a la posibilidad real.

Para poder combatir estas argumentaciones Jung echó
mano de la sociología y otras ciencias e incorporó el concepto de «inconsciente colectivo» diferenciándolo de otro
«personal». El inconsciente personal coincide bastante con
el concepto de inconsciente freudiano. Comprende todos
los contenidos subliminales, sea por falta de energía o por
represión más o menos intencional. Se extiende a la época
pre-infantil, es decir, a los restos de la vida ancestral.

En el inconsciente colectivo, por su parte, tendrían su
hogar los «arquetipos», que podríamos definir como los modelos heredados de conducta emotiva y mental en el hombre. Cuando éstos se activan hacen posible la aparición del
principio que Jung bautiza como «sincronicidad», que no es
otra cosa que una coincidencia significativa de sucesos exteriores e interiores que no están conectados casualmente, sino
por el significado simbólico que nuestra sociedad les da.

El inconsciente colectivo es un concepto empírico y operacional, creado por Jung cuando su experiencia psiquiátrica le enseñó que no podía comprender y tratar el psiquismo tan sólo sobre la base de su historia personal. «De índole colectiva, universal e impersonal, idéntica en todos los individuos, este inconsciente colectivo no se desarrolla de modo individual», explica en sus obras. Está hecho de «la suma de instintos y de sus correlativos, los arquetipos». Este segundo sistema es llamado objetivo «porque es idéntico en todos los individuos y, por lo tanto, uno, condición o base de la psique en sí». Es relativamente independiente del espacio y del tiempo, como lo sugieren los fenómenos de sincronicidad.

Este es un concepto que permite una comprensión de los fenómenos colectivos y en el que los factores socioculturales no pueden ser considerados como la agregación pura y simple de los inconscientes individuales. Por lo demás, el inconsciente colectivo constituye uno de los polos de formación del individuo.

Siempre renaciente, el inconsciente colectivo está en el origen de toda creatividad. Designa acciones análogas a las acciones conscientes (es decir, que parecen intencionales, inteligentes) salvo que, precisamente, no son conscientes.

Retomando la idea de arquetipo, debemos aclarar que Jung entiende por éste las «imágenes que reflejan modalidades universales de experiencia y de comportamiento humano». También las llamó imágenes primordiales, y sus características, además de universales, siguen unas pautas profundas y autónomas. Estos arquetipos emergen del inconsciente colectivo, donde se han ido acumulando como consecuencia de las experiencias vitales de todos nuestros antepasados a lo largo de nuestra herencia filogenética. Habrían quedado impresas en nuestro psiquismo y se manifestarían como pautas de conducta inherentes a todo ser humano, que pueden describirse simbólicamente como acciones de personajes mitológicos y situaciones que evocan sentimientos, imágenes y temas universales.

Lo que Jung denomina arquetipos constituye un eslabón, un punto de contacto entre el sí-mismo y el mundo que esta más allá de la naturaleza psíquica del hombre. Lo inconsciente se extiende hacia los estratos inferiores de la naturaleza animal del hombre y alcanza también, fuera y más allá de lo meramente humano, un contacto significativo con los infinitos aspectos de la vida.

Las realidades múltiples

En el intento de explicación de los milagros, sobre todo los relacionados con las apariciones marianas, hay hipótesis de lo más diversas. Una de ellas es la que plantea Scott Rogo en su libro *Más allá de la realidad: ¿Qué hay detrás de lo que vemos y tocamos?* En consonancia con otros autores, Rogo intenta mostrar que la existencia de las fuerzas psíquicas y espirituales, así como las llamadas «extraterrestres», se enfoca en la posibilidad de realidades múltiples. Fenómenos tales como los milagros reflejan, según este investigador, la existencia de realidades paralelas que coexisten en tiempo y espacio. Es posible, asegura, que estos fenómenos ocurran cuando se presentan fisuras entre nuestra realidad consensual y otros universos que se encuentran más allá de nuestra percepción sensorial. La propuesta que subyace en este libro es que, bajo determinadas circunstancias, la mente genera escisiones entre la realidad cotidiana y otros sistemas de la realidad entre los que se encuentran los milagros, los ovnis y otros fenómenos extraños.

Así como la primera parte del libro está dedicada a desentrañar el fenómeno ovni, la segunda busca demostrar

161

que la fe religiosa tiene una fuerza psíquica propia y que ésta puede generar milagros, por nuestra propia necesidad de ser testigos o de creer en ellos.

Señala algunos milagros que suceden dentro de la Iglesia católica, que le permiten clarificar su hipótesis. Por ejemplo, menciona el ritual de la Sagrada Comunión, y cómo, a lo largo de la historia, este ritual fue motivo de experiencias místicas milagrosas. De hecho, algunos místicos hasta han afirmado que sienten dolor físico si les evitan participar en la Eucaristía. Muchos de los grandes santos y místicos del pasado supuestamente vivieron durante años sin ningún otro alimento a excepción del sacramento. Este milagro, llamado inedia divina, fue cuidadosamente documentado en la vida de Thérése Neumann de Konnersreuth, Alemania, quien murió en 1962 después de haber rechazado el alimento durante años. Sin embargo, el aspecto sobrenatural más notable de la comunión es un milagro muy raro llamado «comunión milagrosa». Durante este milagro la persona no recibe la comunión de manos de un sacerdote, sino con la supuesta ayuda de un ser sobrenatural, como un ángel. El milagro se presenta en varias ocasiones. A veces la hostia levita hasta la boca del místico desde las manos del sacerdote.

Rogo ha intentado demostrar que el milagro de la comunión divina puede manifestarse de varias maneras. Se ha repetido, con muchas variaciones, a través de la historia cristiana registrada. Pero, ¿cómo puede ser explicado este milagro? ¿Qué inteligencia reside en el corazón de estas materializaciones? No hay duda de que algunos casos de comunión milagrosa representan instantes de fraude deliberado. Sin embargo, como en el caso de las hostias que desaparecían y rematerializaban, además de que se comportaban de una manera tan extraña en la presencia de

Thérése Neumann, parecen tener poca diferencia con la forma en que la actividad *poltergeist* hace que los objetos de una casa desaparezcan. La mayoría de los parapsicólogos están de acuerdo en que la erupción de un *poltergeist* es producida a través de un subconsciente humano. Rogo plantea que quizá las comuniones milagrosas sean producidas por un proceso parecido.

Esta noción es en especial pertinente en el caso de Thérése Neumann. Debe quedar claro que, a pesar de sus aparentes problemas médicos, sus síntomas pueden explicarse claramente como reacciones histéricas. Sus problemas —sus enfermedades misteriosas, ceguera repentina, parálisis, y demás— fueron, probablemente, reacciones de conversión (de trastornos físicos pero no orgánicos), provocados por conflictos religiosos dentro de su propia mente. Precisamente este tipo de personas perturbadas, señala Rogo, tiene probabilidades de convertirse en foco de actividad *poltergeist*. No obstante, en el caso de Thérése Neumann, quizá el poder dentro de su mente se expresó en un contexto religioso y no laico.

Pero las reflexiones de Rogo no se detienen allí. Con respecto a las apariciones marianas, tan relacionadas con el enigma de los milagros, Rogo arriesga la hipótesis de que son formas de pensamiento que representan las necesidades de apoyo emocional de la comunidad católica. Sus constantes oraciones y preocupaciones establecerían contacto, de algún modo, entre la comunidad y un sistema separado de realidad que responde por medio del «envío» de una figura de su reino. Este mensajero «celestial» estaría programado, por la comunidad, para responder a sus preocupaciones.

Rogo sostiene que la humanidad ha construido un sistema de realidad separada, en algún lugar del cosmos. Dentro de este reino cósmico existirían la Virgen María y otros personajes religiosos, pero probablemente permanecerían moribundos hasta que la concentración colectiva de una parroquia o comunidad les inyecte fuerza espiritual. Según esta teoría, las constantes preocupaciones religiosas de la comunidad producen algo como una superficie de contacto entre nuestro mundo y este reino espiritual, con el resultado de «proyecciones» a nuestro mundo desde esta dimensión paralela. En tanto que reales en el sentido de que existen físicamente, hasta cierto límite, estas proyecciones podrían ser entendidas mejor como «títeres cósmicos», títeres que mueve la raza humana.

La hipótesis de la ufología

Para intentar demostrar el origen de los milagros, como decíamos, parece que vale todo, o casi todo. Además de las posturas teológicas, psicológicas y de realidades paralelas, tenemos que añadir, cómo no, la de la ciencia que estudia los fenómenos extraterrestres. En esta versión, los ángeles y espíritus que se aparecían ayer a escasos mortales son los viajeros galácticos que contactan hoy a más y más humanos. Y lo que antes se denominaba simplemente milagro, hoy es una muestra del poderío de inteligencias que no pertenecen a nuestro mundo.

En realidad, podríamos decir que ambas metáforas, ambas construcciones mentales o realidades metafísicas responden al mismo fenómeno. Apariciones milagrosas, espíritus y contactos en la tercera fase podrían ser una misma experiencia codificada de manera distinta según los parámetros culturales en los que la persona está inmersa. Las creencias de las grandes religiones en un Dios que viene de lo alto pudieran muy bien referirse a la visita de seres espaciales, es decir que Dios es un E.T. cuyas visitas —Jesús, Buda, etc.— representan grandes hitos para la humanidad. O al revés, las creencias extraterrestres actuales son una versión actualizada del Dios de siempre descendiendo sobre el planeta Tierra.

Los ufólogos plantean la posibilidad de que una inteligencia mayor sea la responsable de todo aquello que no podemos explicar, como los milagros. E incluso algunos arriesgan la posibilidad de que las apariciones marianas, como vimos en capítulos precedentes, no sean tales, sino que podrían ser contactos de seres extraterrestres con humanos. Así, los videntes confundirían a estos seres con la Virgen, simplemente porque en sus preconceptos no existe la posibilidad de tomar contacto con entes de otros mundos.

En este contexto, nada tiene de extraño que algunos de los nuevos movimientos religiosos o sectas sitúen claramente a extraterrestres en sus altares. El Movimiento Raeliano, Happy Science, la Iglesia de los SubGenios y la Sociedad Aeterius son sólo algunos de ellos. El Espiritismo comienza a sustituir a los espíritus de personas fallecidas por extraterrestres, y el contactismo se torna en religión difusa que mira de forma creciente a estos nuevos dioses.

Los primeros cultos relacionados con extraterrestres aparecieron a comienzos de la década de los cincuenta del siglo XX, y fueron éstos los años en que registraron mayor popularidad. Después vinieron veinte años de supervivencia en los márgenes del movimiento espiritual alternativo, pero hoy parece que pudieran registrar un resurgir sin precedentes. El esquema clásico de todos ellos era y es un humano contactado por *aliens*, los cuales le hacen partícipe de una serie de revelaciones. En la mayoría de los casos, se reportan milagros lumínicos o de apariciones. Serían nuevos dioses que poseen una tecnología sobrenatural que hace milagros.

«Creo que están surgiendo brotes dispersos de una religión difusa que aún no ha cristalizado, que aún no posee textos sagrados, liturgia ni sacerdotes intermediarios, pero que podría hacerse planetaria. Ello podría ocurrir a partir de la aparición de una figura con el suficiente carisma, de quien los actuales profetas de los dioses extraterrestres no serían sino precursores preparando el camino», afirma Zöe Nin, escritora especializada en temáticas insólitas.

La figura de los extraterrestres, continúa la escritora, son útiles para conciliar ciencia y religión. «A los "ET" se los considera superiores espiritualmente a nosotros porque su ciencia lo es; su ciencia es superior porque reconoce las "verdades" espirituales que la terrestre niega», explica.

El caso es que entidades «ET» ocupan ahora el lugar que tuvieron Guías, Maestros, Profetas y Ángeles. Y, por tanto, son capaces de obrar los mismos prodigios que ellos, como los milagros. Incluso, algunos neoespiritistas consideran a los «ET» como entidades que han superado a los ángeles en desarrollo espiritual.

«Ya C. G. Jung había hablado de los "ETs" como "ángeles tecnológicos" en su libro sobre el tema de 1959, y había sugerido que la hipótesis del origen extraterrestre de los ovnis venía a hacer frente al desafío cotidiano de la ciencia y la tecnología: tal creencia no hubiera podido aparecer en otro período histórico. Ambas suplantan a lo supernatural y lo milagroso como fuentes potenciales de salvación», explica Nin. Las nuevas deidades extraterrestres, asegura, tienen claras connotaciones semidivinas producto de su superioridad científica, tecnológica y espiritual.

Sin embargo, es necesario aclarar que la interpretación religiosa de los ocupantes de los ovnis como salvadores celestiales no se produce mediante una teología de salvación. La dimensión religiosa permanece casi escondida, redimensionada desde la supersticiosa creencia en un dios que salva y premia hasta la mucho más aceptable creencia de un universo natural donde es la tecnología la que salva.

LOS MILAGROS

Las respuestas de la parapsicología

Los milagros, como hemos visto, tienen unas características que coinciden, en muchos casos, con fenómenos registrados por la parapsicolgía. Son fenómenos «anómalos», en ambos casos, que tienen diferentes interpretaciones. Para los parapsicólogos, entonces, la explicación de los milagros y de los sucesos que los acompañan, como las apariciones marianas, pueden ser explicados desde una óptica diferente a la eclesiástica.

Lo que plantean es que muchos de los milagros reportados son fenómenos que pueden ser producidos por sujetos con facultades psíquicas desarrolladas. Trance, clarividencia, hiperestesia, dermografía, xenoglosia, bilocación, osmogénesis, apariciones, premoniciones, paraterapia, fotogénesis, son fenómenos conocidos y estudiados dentro del ámbito de lo paranormal. Y se los considera como facultades innatas en el ser humano, que se potencian bajo un «estado alterado de conciencia». La mente del vidente penetraría en un estado diferente de conciencia en el instante del trance. El inconsciente se manifiesta, y a su vez surgen fenómenos parapsicológicos.

Esta manifestación del inconsciente, en esta situación, puede provocar determinados sucesos dignos de estudio. Así, fenómenos tan espectaculares como la estigmatización pueden tener una posible explicación científica. La moderna psicodermatología (rama de la dermatología que analiza la influencia o transferencia de factores psicológicos en la piel) sustituye el término «estigma» por el de «psicosomatosis cutánea». Es que una emoción religiosa de identificación o de participación parece ser el factor psíquico responsable de los estigmas hoy calificados como psicosomatosis cutánea o dermatosis psicosomática. Es decir, un fenómeno que desde el siglo XIII ha sido considerado como *signum Dei* no

167

parece ser más que un trastorno psicosomático, extraordinario por su significado simbólico y expresivo, pero para nada sobrenatural. En este punto, los investigadores de fenómenos paranormales aseguran que el factor psicológico que mencionábamos no es activado sólo por el vidente durante su trance, pese a ser el principal motor o catalizador de toda la actividad paranormal que rodea un hecho milagroso. Los cientos de acólitos que le acompañan y que comparten una motivación común también potencian de forma inconsciente el surgimiento y expansión de ciertas energías mentales.

«Probablemente, en esos niveles transpersonales de conciencia que alcanza el instrumento humano al recibir el éxtasis, exista algún tipo de conexión con otras realidades parafísicas. El estado alterado de conciencia puede ser una de las múltiples puertas de entrada a otros "universos multidimensionales" que tanto interesan a la moderna física teórica», asegura Carlos Luis de la Marca, parapsicólogo.

La parapsicología afronta el tema de los hechos llamados milagrosos desde dos posturas. Una de ellas habla de la creación de un ente, susceptible o no de ser fotografiado por medio del psiquismo humano. Dicho ente sería el producto de la energía mental de un grupo de personas (o de una sola), que consciente o inconscientemente alimentan la imagen de la Virgen o de un milagro. Esta imagen o este portento podría ser visto por sujetos de una mayor sensibilidad, percibiendo estos «cúmulos energéticos» o, por el contrario, usando su cualidad clarividente e internándose en un plano o dimensión mental donde es posible crear con el psiquismo.

Esta facultad recibe el nombre de psicoquinesia, que se define como la coincidencia que se comprueba estadísticamente entre un fenómeno subjetivo perteneciente a una serie psíquica y otro objetivo perteneciente a otra serie física. Esta coincidencia puede atribuirse a una acción directa del psiquismo sobre la materia.

La facultad de la psicoquinesia podrá actuar de una forma mucho más potente haciendo visible tridimensionalmente a todo el público el hecho milagroso. Las curaciones, por ejemplo, podrían deberse, tanto a esta misma energía (inteligente), a la sugestión o a la combinación de ambas. Otra hipótesis barajada por la investigación parapsicológica de miras más subjetivas, o amplias, según se quiera, es la que nos hablaría de la existencia real de un ente ajeno totalmente a los sujetos, que proveniente de un plano o dimensión no terrestre posee la cualidad de manifestarse en nuestra existencia física o de hacerse únicamente visible a las personas que elija, siendo capaz de producir los fenómenos paralelos a la aparición. Esta última hipótesis, que es la que mencionábamos en el apartado anterior, encajaría en los esquemas de la ufología o ciencia de los ovnis.

Capítulo IX
PODEMOS FABRICAR UN MILAGRO

> «No digas de ningún sentimiento que es pequeño o indigno. No vivimos de otra cosa que de nuestros pobres, hermosos y magníficos sentimientos, y cada uno de ellos contra el que cometemos una injusticia es una estrella que apagamos».
>
> Hermann Hesse, 1877-1962.
> Escritor suizo, de origen alemán.

> «Es necesario esperar, aunque la esperanza haya de verse siempre frustrada, pues la esperanza misma constituye una dicha, y sus fracasos, por frecuentes que sean, son menos horribles que su extinción».
>
> Samuel Johnson, 1709-1784.
> Escritor inglés.

Los milagros, aunque se supone que son hechos únicos, irrepetibles y poco usuales, pueden ser más frecuentes de lo que creemos. Todo depende del cristal con que se mire. Cuando alguien espera o pide un milagro, lo que busca es que algo específico suceda en su vida. Desde mejorar algún aspecto de su existencia o de la de algún ser querido, hasta pedir por la curación de alguna enfermedad que lo aqueja: todo puede ser un potencial milagro. Es cierto que no se puede comparar la multiplicación de los panes que hizo Jesús, o la división de los mares que logró Moisés, con algo tan íntimo y personal como superar algún trance complicado en la vida. Pero dejemos de lado por un momento los milagros espectaculares, los portentos sobrenaturales de los que alguna vez hemos oído hablar. Se puede creer en ellos o no, e incluso es posible adorar a un determinado Dios, o a ninguno: en cualquier caso, la idea del milagro no tiene por qué convertirse en algo lejano e inaccesible para el ser humano.

La verdad es que no cualquiera es capaz de curar una enfermedad terminal a otra persona por el simple hecho de desearlo. Aún quienes creen que este tipo de milagros existe, seguramente lo tomarán como algo realmente fuera de lo común, con pocas *chances* (aunque le asignen un mínimo de probabilidades) de que ocurra. Esos milagros no son corrientes ni habituales. Sin embargo, de lo que aquí hablamos es de otro tipo de hechos.

Son muchas las escuelas de pensamiento que proclaman que los milagros, en realidad, dependen más del hombre que del Dios al que se encomienda. No son pocos los que colocan a la mente humana en un sitio superior a cualquier otra fuerza. Y no se refieren a hombres o mujeres con capacidades especiales, sino a la gente común.

Lo que plantean, en resumen, es que la fuerza de la mente, de la voluntad o del pensamiento, como quiera llamarse, es capaz de producir fenómenos que parecían imposibles. Algunos creen que con esa energía se pueden producir fenómenos sobrenaturales, que van desde mover objetos, realizar sanaciones, levitaciones, etc. Otros, simplemente, se limitan a hablar de las posibilidades para la propia sanación corporal y mental del individuo. Unos más postulan que la energía mental es la que permite a las personas concretar aquello que anhelan.

«La energía del pensamiento ha creado todo esto que vemos ahora. No hace falta más que mirar a nuestro alrededor para saber que todo cuanto está allí, antes estuvo en la mente de una persona, luego lo materializó a través de su físico y voluntad. De la misma forma, lo que normalmente se llama milagro es alimentado con la energía de las personas que tienen conciencia, y esa energía es capaz de transformar la realidad», asegura Flora Cavillo, experta en visualización creativa.

Los milagros, entonces, pueden producirse en cualquier momento y lugar: sólo bastaría que haya alguien que lo pida o lo desee realmente. Y que, en un punto, sea realizable. «Los seres humanos son capaces de promover las causas en sí mismos y provocan milagros. Esto es lo que ocurre cuando la persona tiene confianza en sus propias fuerzas internas y en sus energías mentales. El reino de las causas está sujeto particularmente al mecanismo de la mente, que es la que elabora la vitalidad en nosotros, y este es el motivo de extraños sucesos cuando menos se piensa», arriesga Helen Flix, terapeuta.

El mecanismo no es muy distinto del que la persona creyente o religiosa pone en funcionamiento cuando ora para pedir un milagro a Dios o a un santo. «La persona de fe no sabe esto —puntualiza Flix—, pero ellos solamente estimulan la causal que existe en la mente, y así provocan los resultados que ellos esperan».

Desde la parapsicología se tiene una visión similar, aunque llevada a otros extremos. De hecho, se aplica un concepto similar, aunque para hablar de fenómenos que van más allá de la simple concreción de deseos. «La autocuración, la transmisión del pensamiento o telementación (transmisión de lectura a una estación receptora a distancia), la comunicación de una idea o telepatía, son acontecimientos comunes bajo esfuerzos mentales profundos, que en ocasiones son tan poderosos que provocan accidentes, temblores, fenómenos radiotelúricos, y aún cataclismos geológicos. Esto ocurre naturalmente, sin que el hombre lo sepa, o realizándolo de manera viable. Sin embargo, somos tan impactados por ellos a veces, que nos aterramos y creemos que es una fuerza extraña la que ha operado la maravilla. Pero todo el suceso tiene lugar en nosotros mismos y podemos provocar igualmente a voluntad los efectos que sean de nuestra preferencia», asegura el parapsicólogo Carlos Luis de la Marca.

Según este investigador, el hombre está corrientemente tan confuso y perplejo mentalmente que supone que todos los acontecimientos súbitos son «milagros», o la obra de Dios. «Dios parece ser la solución para todo, es decir, todo lo que deseamos, todo lo que tememos y admiramos, todo aquello de que somos totalmente ignorantes. Si comprendiéramos mejor la estructura y mecanismo de la mente, entenderíamos también el proceso de cómo se produce la vitalidad, y también la técnica de los principios de la herencia, la significación del autocontrol o de la educación, los impactos del ambiente en el ser, y la importancia de la meditación o autoelaboración mental», explica.

Lo que propone, en definitiva, es que el ser humano se conozca mejor y que, de esa manera, pueda canalizar sus propios anhelos. Así, dice, sería capaz de centrar la energía y generar aquello que se propone. Él cree que, en buena medida, las personas ya realizan esto, pero al no ser conscientes de su propia fuerza creen que lo que ocurre a su alrededor son milagros producidos por «alguien más».

Esta corriente de investigación sostiene que la tarea de conocer la propia mente y su funcionamiento es, en sí misma, una ciencia, porque a través de ella cada persona se capacita para planificar y seguir su futuro. Cada cual sería capaz de realizar sus sueños y anhelos, utilizando sus propias reservas de poderes, provocando condiciones escogidas, creando su propio mundo, modelando su propia personalidad.

La búsqueda del milagro

Las teorías que postulan la capacidad innata del hombre para producir sus propios milagros destacan la importancia de tener deseos. Es decir, de anhelar determinados sucesos, de querer que ocurra un acontecimiento en particular. «Quien no se plantea la posibilidad de que ocurra un milagro en su vida, pierde la oportunidad de tener una existencia más plena. Cuando queremos con todas nuestras fuerzas que ocurra un milagro, del tipo que sea, experimentamos sensaciones que, de otra manera, pasarían desapercibidas. Desde el momento en que encontramos aquello que deseamos que suceda, aparece también una razón para seguir luchando. Eso sencillamente le ayudará al individuo a sentirse más vivo, a ponerse en marcha, a minimizar los fracasos», plantea Gloria Rosendo, psicóloga.

Así, cada vez que se pide un milagro, se activaría un mecanismo en el interior del sujeto que despertaría los engranajes de su psique. Las ilusiones tendrían como objetivo mantener el equilibrio emocional, ya que permitirían canalizar la energía, desarrollar las capacidades e, incluso, fortalecer la autoestima.

«Tener deseos nos confiere el poder de crear cosas nuevas. Sin ellos, la vida perdería gran parte de su sabor. Creo que un deseo equivale a una plegaria; una idea inquebrantable se convierte en súplica. La diferencia, en todo caso, es que somos nosotros mismos los responsables de que se cumpla por medio de nuestro trabajo», asegura el psicoterapeuta Marcelo Galvany.

Desde la psicología se insiste en la importancia que tienen los deseos en la vida de las personas. Cada vez que se pide un milagro, en realidad, se estaría poniendo en palabras un anhelo, y se le estaría rogando a Dios que conceda aquello que la persona cree que no puede obtener por otro medio. Según la mayoría de las creencias espirituales, como el budismo y el animismo, el hecho de desear no tiene que ver con un objeto específico, sino con la necesidad de sentirse completo.

«El ser humano quiere recuperar el paraíso perdido, y detrás de cada oración se renueva su esperanza de ser completo. Como si dijera: "El día que tenga tal o cual cosa, entonces sí seré feliz". Y, cuando esa tal cosa se presenta en su vida, aparece, simultáneamente, la alegría por el logro y la decepción por el renuevo de la vivencia de no sentirse completo. Y todo vuelve a empezar», explica Gloria Rosendo.

Cambiar el punto de vista

Uno de los planteamientos que realizan las escuelas que abogan por la posibilidad de realizar milagros personales es que lo fundamental es cambiar la forma de pensar. Consideran que hay formas incorrectas de pensar y que, al modificar la visión de la realidad, los milagros se producen como consecuencia.

La forma que cada uno tiene de percibir el mundo, el sistema de pensamiento con el cual toma decisiones, define su forma de actuar en la vida. En la mayoría de las personas, este sistema tiene valores que generan angustias, conflictos y temores. Por ello, cambiarlo es el primer paso para una completa realización. Sólo entonces, plantean estas tendencias, es posible concretar milagros personales. «Podemos considerar que un milagro es un cambio de la percepción que desplaza al miedo y la culpa que bloquean nuestra conciencia del lugar que ocupamos en el mundo», sintetiza Gloria Rosendo. «Los milagros se originan con el pensamiento, igual que el miedo —explica—. La angustia y el dolor son expresiones del miedo y ambos son producidos únicamente por nuestra mente. Para efectuar y conseguir milagros necesitamos abandonar el miedo. La eliminación de la angustia, el sufrimiento y el dolor es una decisión personal, un verdadero deseo de modificar nuestra visión».

Pero, según aclara, no debemos pedir ser liberados del miedo en el que vivimos, pues esto sería como dejar esta responsabilidad en manos de alguien. «Lo que sí debemos hacer es situar a la realidad en el lugar que le corresponde, y para eso debemos reestablecer la verdadera función de la mente».

Por qué buscar milagros

La negación, dicen, es mala consejera. Si una persona está convencida de que, por más que lo pida a Dios y la Virgen, nunca obtendrá el milagro que desea, es probable que, efectivamente, nunca le llegue. «Muchas veces, la negación se apodera de nuestra mente, y sólo podemos expresar frases como "no soy capaz", "nunca he tenido buena suerte", "Dios escucha a todos menos a mí" o "¿para qué voy a esperar algo que nunca llegará?" Esa sensación de derrota es lo primero que debemos desterrar de nuestro pensamiento. El simple hecho de desear cambia la concepción que tenemos de la vida, nos ayuda a ser más positivos y confiar en nosotros mismos. Cuando pedimos que se produzca un milagro, no podemos pensar que estamos jugando un juego donde a veces se gana y a veces se pierde: siempre se gana», asegura Joan Rady, psico-trainer.

El problema, en general, es que se busca producir un milagro personal sin la suficiente convicción. Cuando ese anhelo se desvanece tras una niebla, o bien cuando se reprime, es cuando se llega a la frustración. Normalmente, es necesario hacer que intervengan el pensamiento, los sentimientos y la fuerza, pero también la capacidad para lograr cosas. Y aquí es cuando la mayoría de las personas baja los brazos y se encomienda al santo de turno, sin poner en ello nada de su parte.

«Para conseguir un milagro es necesario dejar fluir las vibraciones de la mente. Ésta está llena de dudas, contradicciones, miedos, incapacidades y falsos egos, aunque también de esperanza», señala Rady. Es en esa esperanza en la que hay que basar cualquier intencionalidad.

Pero desde que se formula un deseo determinado hasta que se concreta, los caminos pueden bifurcarse irremediablemente. Así, es difícil que el milagro llegue. «Normalmente, antes de disfrutar de aquello que buscamos, debemos sortear una serie de obligaciones. Muchas personas no tienen en cuenta este hecho, y ante la primera dificultad, cuestionan la validez de su deseo. Ello les lleva a desanimarse y, sobre todo, a abandonarlo», señala Gloria Rosendo.

Dudar, sin embargo, es lo que recomiendan los especialistas. Las certezas, sin una reflexión previa, no sirven para mucho. La complejidad propia de los mecanismos mentales hace que sea muy difícil trazar, para el ser humano, una línea entre aquello que es verdadero para él, lo que pertenece a su ser, y lo que es una moda pasajera. Al hacer el ejercicio diario de dudar de aquello que está instalado en el pensamiento como algo inamovible y estático, es más probable que se pueda llegar a la esencia del milagro que se busca.

Una de las advertencias que realizan los especialistas es que no se deben pedir milagros que impliquen algún tipo de negatividad. Es decir, los objetivos deben ser positivos: la energía mental debe concentrarse en aquello que puede mejorar algún aspecto de la vida, en lugar de centrarse en cuestiones que no ayudan a resolver nada.

Por otra parte, señalan que la mejor forma de lograr un milagro es no crearse falsas expectativas. «Deberíamos tener siempre presente que si en la vida no alcanzamos una meta o algo no sale tal como lo habíamos planificado, no es el fin del mundo. El problema comienza cuando no tenemos una meta que alcanzar. Y no es tan triste el hecho de que no nos llegue un milagro, como el de nunca haberlo pedido», reflexiona la escritora Zoraida Candela.

En cualquier caso, siempre es necesario tener en cuenta que no hay milagros desligados de la acción. El pedir que se cumpla determinado milagro debería ser, según los expertos, una acción a punto de ser emprendida. Debe activar, motivar y dirigir la acción, y ha de tener para ello un atractivo suficiente para dar impulso. En el origen de todos los anhelos tiene que haber un deseo de actuar, que permita inventar motivos de acción. Por ello, no sirve de nada sentarse a pedir que un milagro suceda: hay que hacer que suceda.

«Cuando uno pide algo, debería mirar la meta, el objetivo, pero también observar dónde se está. Mi consejo es: contempla la diferencia entre lo que tú quieres y lo que ya tienes. Procura imaginarte tanto los beneficios como los riesgos y gastos de la transformación de la realidad. Decídete a pagarlo. Si crees que no eres capaz de tanto en este momento, redefine la meta. Nadie consigue las metas máximas en cinco minutos. Aunque no hay garantía de conseguirlo, mejor seguir poco a poco hacia delante que estar en el mismo sitio deseando llegar al final del mundo», alecciona Joan Rady, psico-trainer.

La idea es que cualquier milagro que queramos lograr pertenece en principio al plano mental y, por lo tanto, tiene valor como inspiración, pero nunca pertenecerá al mundo de la realidad si no se convierte en un objetivo. Claro que la cuestión de determinar el objetivo tampoco es tan sencilla como parece.

«Encontrar qué es aquello que nos haría sentir más plenos tiene la gran ventaja de que nos abre el camino para conseguirlo. Luego, somos libres de centrar nuestra atención en lo que queremos. Desde ese momento, debemos recordar que aquello en lo que nos centramos se expande gracias a la mente. Así, cualquier circunstancia es una oportunidad para recuperar nuestro poder de fabricar milagros», señala el psicoterapeuta Marcelo Galvany.

El milagro realizado

El primer paso para que el milagro se haga realidad es, aunque parezca un poco obvio, imaginarlo. Una vez definido el objetivo, lo primero que hay que hacer, dicen los expertos, es sentirlo, visualizarlo como si ya estuviera realizado. Sin el pensamiento de aquello que se desea, es casi imposible que ocurra.

«La imaginación es el arma para lograr cualquier milagro. El truco está en aprender a crear imágenes mentales de aquello que queremos. Cuando pensamos, imaginamos o proyectamos ideas o ilusiones, las visualizamos en nuestra mente. A través de la visualización desarrollamos nuestro poder de creación y descubrimos que tenemos la posibilidad de escoger conscientemente lo que queremos vivir. Así, en lugar de entregarnos a una supuesta fuerza superior que decide por nosotros, nos volvemos dueños de cada instante, creadores de nuestra realidad cotidiana», asegura la psicóloga Gloria Rosendo.

La intención, en este caso, es ser capaz de transformar los típicos pensamientos negativos, que sólo giran alrededor de las trabas que se pueden encontrar a la hora de hacer realidad un milagro, en pensamientos positivos y energía creadora.

La ventaja de la visualización creativa es que no requiere ningún tipo de creencia metafísica o espiritual. Tampoco es necesario tener fe en cualquier fuerza externa. Solo es necesario estar dispuesto a practicarlo. La imaginación, de hecho, es una facultad que tiene todo individuo para representar y generar imágenes de cosas, tanto reales como ideales e incluso ficticias. Por eso, cualquiera la puede utilizar a su favor.

«El poder de nuestra mente es mucho mayor de lo que creemos. Es casi imposible creer que un milagro se puede realizar sin una programación mental adecuada. La única manera que tenemos de darle a nuestros deseos profundos la capacidad de manifestarse es a través de la creación activa de imágenes», sostiene la experta en visualización creativa Flora Cavillo.

Conseguir aquello que se desea no debería ser, según lo que hemos estado analizando, algo tan complicado. Con la certeza de que determinado hecho debe ocurrir parecería que es suficiente. Sin embargo, para realizar un milagro personal, no basta sólo con eso. La mente tiene la habitual costumbre de llevar al individuo por caminos negativos, haciéndole creer que no es capaz de realizar lo que se propone. Por ello, es necesario «entrenar» la psique para lograr los objetivos.

Lo primero que se debe hacer, como decíamos, es fijar una meta, es decir, definir el milagro que se quiere cumplir. Para ello, los especialistas recomiendan tomarse el tiempo necesario, de manera de no confundir prioridades. El segundo paso sería proyectar una imagen clara de ese anhelo: si no es posible imaginarlo sin más, se recomienda anotarlo en un papel. El tercer paso es sincerarse con uno mismo: hay que creer en lo que se está deseando, pues en el caso contrario, se corre el riesgo de fracasar. Por último, hace falta asumir una mente positiva, para así lograr que las energías sean eficaces.

«Durante el momento de la visualización es importante dirigir toda la atención hacia el estado que se desea alcanzar. Hay que evitar, aunque sea difícil, desviar esa atención hacia el problema que motivó el deseo de un milagro. Tampoco hay que pensar en los obstáculos que hasta ahora impidieron la concreción del objetivo. Si se dirige la energía hacia los inconvenientes, no se programa la solución, sino nuevamente el problema», explica Joan Rady.

Un ejercicio básico de visualización creativa no es nada complicado. Sólo se necesitan unos minutos de tranquilidad y un sitio confortable donde no ser interrumpido. Puede ser una habitación con un sillón, o bien con una cama donde recostarse. En una posición cómoda, la persona debe relajarse cerrando los ojos y respirando pausadamente pero con energía. Luego, debe sentir que relaja cada parte de su cuerpo, comenzando por los dedos de los pies, hasta llegar a la parte superior de la cabeza. La idea es relajar cada músculo.

Una vez que el cuerpo está relajado, se debe buscar poner la mente en blanco, sin pensar en nada. Una vez logrado esto, se puede contar del uno al diez, respirando y exhalando lentamente entre número y número. Luego, se comienza a contar nuevamente, pero hasta nueve; luego hasta ocho, y así sucesivamente. «Una vez que se llega a ese estado de relajación, es el momento de llevar a nuestra mente la imagen del milagro que queremos lograr. Debemos imaginarlo como si ya se hubiera producido», explica Rady.

Durante esta visualización se puede formular mentalmente una afirmación positiva, relacionada con lo que se quiere lograr. Por ejemplo, puede ser: «Me encuentro sano, disfruto de mi salud». Luego, se sale de ese estado de visualización lentamente. Conviene contar hasta diez, respirando suave y pausadamente, y luego abrir los ojos. «No es recomendable salir de ese estado bruscamente. Una buena opción es decir en voz alta: "El milagro se está realizando ahora delante de mí, de la manera más satisfactoria y armoniosa y para el bien de todos". Aconsejo repetir todo este ejercicio diariamente, por lo menos durante un mes», dice Rady.

Cuando se logra aquietar la mente, de manera que no se dirija hacia pensamientos negativos, la meditación puede, también, ser un buen camino que permita programar a la mente para lograr sus objetivos. «La meditación es el cultivo de la mente con vistas a lograr diferentes niveles de conciencia. Desde un punto de vista formal, es frecuente llevar a cabo la meditación sentado en una silla o en el suelo y con las piernas cruzadas, los ojos ligeramente abiertos o cerrados y la mente centrada en un punto o en la nada. Sin embargo, la meditación también puede hacerse de pie, echado o con el cuerpo en movimiento. El significado de la meditación se interpreta de distinta manera según el nivel que se pretende alcanzar», enseña la terapeuta Helen Flix.

Cuando la mente alcanza una fase serena, adquiere agudeza y lucidez. «No sólo es energía mental almacenada, sino que la mente desarrolla o genera energía suplementaria y la dirige hacia un punto único. Logramos mejores resultados en todo lo que nos proponemos hacer. Si conocemos las técnicas, podremos usar este nivel de profunda conciencia para resolver los problemas que se nos presenten o para vincular nuestra mente a la Mente Universal, aumentando la inspiración y la creatividad. También podemos controlar mejor nuestras funciones fisiológicas y psicológicas», asegura Flix.

A medida que la mente camina hacia un nivel avanzado de meditación, el estado de conciencia se transforma y se experimentan distintas percepciones de la realidad. En este estado meditativo avanzado, se trasciende el tiempo y el espacio. Incluso es posible moverse entre la energía y la materia. Por tanto, se pueden realizar proezas que no están al alcance de una mente normal. Los legos en la materia, según sea su actitud, describen estos fenómenos como milagros o como imposturas.

Las ventajas de la meditación son muchas si se logra avanzar en su práctica. Si bien a simple vista parece inactiva y pasiva, quienes la practican aseguran que aunque el cuerpo físico permanezca inmóvil, la mente puede estar involucrada activamente en la visualización. Aunque la mente se estabilice en la total serenidad, este estado se alcanza solamente con un gran esfuerzo mental activo y directo. En esta quietud de la mente la energía fluye con armonía, con lo que puede ser capaz de curar las enfermedades y fomentar la salud.

Pero eso no es todo. La meditación, al agudizar la mente, refrescarla y concentrarla en un punto, aumenta sensiblemente la eficacia en la vida cotidiana. «Logramos mejores resultados en menos tiempo y podemos trabajar más horas sin cansarnos. La meditación es excelente para los estudiantes de enseñanza media y para los universitarios, así como para todas las personas que utilizan su capacidad mental asiduamente. Pero, sobre todo, la meditación desarrolla poderes psíquicos y otras habilidades extraordinarias y muy especiales, conocidas en el pasado como milagros», señala Flix.

BIBLIOGRAFÍA

ABBOTT, WALTER M.: *The Documents of Vatican II*. America Press, Nueva York, 1966.

ÁLVAREZ, GASTÓN: *La religiosidad popular*. La Editorial Católica, Madrid.

ANDRES-GALLEGO, J.: *Práctica religiosa y mentalidad popular en la España contemporánea*. Hispania Sacra, 1994.

ARAZO, M. A.: *Superstición y fe en España*. Plaza y Janés, Barcelona, 1978.

BARWIG, Regis N.: *More Than a Prophet: Day-by-Day with Pius IX*. Altadena, California, *The Benzinger Sisters Publishers*, 1978.

BASTIAN, JEAN-PIERRE: *La Mutación Religiosa de América Latina*. México D.F., Fondo de Cultura Económica, 1997.

BAUSCH, WILLIAM J. PILGRIM: *Church: A Popular History of Catholic Christianity*. Mystic, Connecticut, *Twenty-Third Publications*, 1980.

BENSMAN, JOSEPH y ROBERT LILIENFELD: *Craft and Consciousness: Occupational Technique and the Development of World Images*. John Wiley & Sons, Nueva York, 1973.

BERMAN, HAROLD J.: *Law and Revolution: The Formation of the Western Legal Tradition*. Harvard University Press, Cambridge, Mass., 1983.

BETTAZZI, LUIGI: *Una Chiesa per tutti*. Bibliotheca Sanetorum. Roma, Istituto Giovanni XXIII nella Pontifica Universita Lateranese. Editrice AV.E., Roma, 1971.

BOURDIEU, PIERRE: *Los ritos como acto de institución.* Akal, Madrid, 1985.

BRAUDY, LEO: *The Frenzy of Renown: Fame and Its History.* Oxford University Press, Nueva York, 1983.

BAX MART: *Medjugorje: Religion, Politics, and Violence in Rural Bosnia.* VU Ulitgeverij, Amsterdam, 1995.

BROWN, MICHAEL, F.: *The Channeling Zone: American Spirituality in an Anxious Age.* Harvard University Press, Cambridge, MA, 1997.

BROWN, PETER: *The Cult of the Saints: Its Rise and Function in Latin Christianity.* University of Chicago Press, Chicago, 1982.

BRUSCO, ELISABETH: *The Reformation of Machismo. Evangelical Conversion and Gender in Colombia.* University of Texas Press, Austin, 1995.

BURITY, JOANILDO: *Identidade e política no campo religioso: Estudos sobre cultura, pluralismo e o novo ativismo eclesial.* Editora Universitaria UFPE. Recife, 1997.

CLARKE, JOHN: O.C.D. (trad.), *Story of a Soul: The Autobiography of St. Thérese of Lisieux. A New Translation from the Original Manuscripts.* ICS Publications, Washington, D.C., 1976.

CLARKE, P. B.: *Atlas de las religiones del mundo.* Debate, Madrid, 1994.

CUNNINGHAM, LAWRENCE S.: *The Meaning of Saints.* Harper & Row, San Francisco, 1980.

DALMAU, B.: *Religiosidad popular y santuarios.* Centre de Pastoral litúrgica, Barcelona, 1995.

DANIKEN, E. Von: *Las apariciones.* Martínez Roca, Barcelona, 1986.

DANEMARIE, JEANNE: *The Mystery of Stigmata: From Catherine Emmerich to Theresa Neumann.* Trad. de Warre B. Wells. Burns, Oates & Washbourne Ltd., Londres, 1934.

186

D'EPINAY, CRISTIAN LALIVE: *El Refugio de las Masas*. Ed. del Pacífico, Santiago de Chile, 1968.

DELOOZ, PIERRE: *Sociologie et canonisations*. Faculté de Droit, Lieja, 1969.

DENEVI, DON y NOEL FRANCIS MOHOLY: *Junípero Serra: The Illustrated Story of the Franciscan Founder of California's Missions*. Harper & Row, San Francisco, 1985.

DIEZ DE VELAZCO, F.: *Hombres, ritos, dioses: introducción a la historia de las religiones*. Trotta, Madrid, 1995.

ELIADE, M. y OTROS: *Metodología de la historia de las religiones*. Paidos, Barcelona, 1986.

ELLIS, MSGR. JOHN TRAEY: *Perspectives in American Catholicism*. Helicon, Baltimore, 1963.

EMMERICH, ANNE CATHERINE: *The Dolorous Passion of Our Lord Jesus Christ*. TAN, Rockford, Illinois, 1983.

ESTRADA, J. A.: *La transformación de la religiosidad popular*. Sígueme, Salamanca.

FARMER, DAVID HUGH: T*he Oxford Dictionary of Saints*. Clarendon Press, Oxford Inglaterra, 1978.

FEINER, JOHANNES, y LUKAS VISCHER: *The Catechism*. Nueva York: The Seabury Press, 1975.

FLUMERI, GERARDO DI, O.F.M.: *Padre Pío of Pietrelcina: Acts of the First Congress of Studies on Padre Pio's Spirituality*. Edizioni «Padre Pío de Pietrelcina», San Giovanni Rotondo, Italia, 1978.

GONDRAND, FRANCOIS: *At God's Pace*. Scepter Press, New Rochelle, Nueva York 1989.

HAWLEY, JOHN STRATTON: ed. Saints and Virtues. University of California Press, Berkeley, 1987.

HEFFERNAN, THOMAS J.: *Sacred Biography: Saints and Their Biographers in the Middle Ages*. Oxford University Press, Nueva York, 1988.

IMBERT-GOURBEYRE, ANTOINE: *La Stigmatisation, l'extase divine et les miracles de Lourdes.* Clermont-Ferrand, París, 1895.

KEMP, ERIC WALDRAM: *Canonization in the Western Church.* Oxford University Press, Londres, 1948.

KIECKHEFER, RICHARD y GEORGE D. BOND: *Its Manifestations in World Religions.* eds. Sainthood: Berkeley: University of California Press, 1988.

KLEE, HOWARD CLARK: *Miracle in the Early Christian World: A Study in Socio-historical Method.* Yale University Press, New Haven, 1983.

KÜNG, HANS: *Infallible? An Inquiry.* Garden City, Nueva York: Doubleday, 1971.

LÉVY-BRUHL, H.: *El alma primitiva.* Península, Barcelona, 1984.

MARIZ, CECILIA: *Religion and Coping With Poverty in Brazil.* Philadelphia: Temple University Press. 1994.

MARTIN, DAVID: *Tongues of Fire. The Explosion of Protestantism in Latin America .* Oxford : Blackwell. 1990.

MASFERRER, ELIO: *Sectas o Iglesias, viejos o nuevos movimientos religiosos.* Plaza y Janes, México, 1998.

MÍGUEZ, DANIEL P.: *Spiritual Bonfire in Argentina. Confronting Current Theories with an Ethnographic Account of Pentecostal Growth in a Buenos Aires Suburb.* Amsterdam: Centro de Estudios y Documentación Latinoamericanos, Universidad de Amsterdam. Colección CLAS n.º 81.

PACE, ENZO: *Credere nel relativo: Persistenze e mutamenti nelle religioni contemporanee.* Utet. Torino, 1997.

PACKARD, JERROLD M.: *Peter's Kingdom: Inside the Papal City.* Charles Scribner's Son s, Nueva York, 1985.

RENOLD, JUAN MAURICIO: *Religión, magia y mesianismo: Estudios antropológicos.* Ed. Rosario, Ediciones del Arca, 1998.

Rolim, Francisco: *Religião e Clases Populares*. Petrópolis: Voces, 1980.

Semán, Pablo y Patricia Moreira: *La Iglesia Universal del Reino de Dios en Buenos Aires y la recreación del diablo a través del realineamiento de marcos interpretativos*. Sociedad y religión n.º 16, 1998.

Schweitzer, Albert: *The Quest for the Historical Jesus*. MacMillan, Nueva York, 1968.

Underhill, Evelyn: *Mysticism. New American Library*, Nueva York, 1974. *The Mystics of the Church*. Wilton, Connecticut: Morehouse Barlow, 1925.

Velho, O.: *Globalização: Antropología e Religião. In Globalizacao e Religiao*. Oro, A. y C. Steil (Orgs), pp. 43-62, 1997.

Wilson, Stephen: *Studies in Religious Sociology, Folklore and History*. Ed. Saints and their Cults. Cambridge: Cambridge University Press, 1983.

Woodward, Kenneth L.: *«Spiritual Adventure: The Emergence of a New Theology»*, *a conversation with John Dunne*. Psychology Today, vol. 11, n.º 8, enero 1978. «What Is God? John Dunne's Life of Discovery». Notre Dame Magazine, vol. 9, n.º 3, julio 1980. «How America Lives with Death». Newsweek, abril, 1970, p. 88.

ÍNDICE